あるかだし Arkadaş インド〜トルコ 自転車旅行の記憶

編著 栗田和博
写真 福永龍司

リーブル出版

ともに旅した自転車。
フレームに貼られた「WARASHINA CARS」は、
私のスポンサーである。

コルカタ郊外にて

ガンジス川を渡る。

カトマンズ市街

アンナプルナ第1峰、南峰

パキスタンとイランの国境では道路がなくなり、
トラックの轍を進んだ。

クエッタの市場にて

砂丘が移動し、道が砂で埋もれてしまう

イラン・コムにて。美しいアザーンを聞いた

トルコ東部で出会った人は
どこか初恋の人に似ていた

4月半ばなのに
トルコ東部は雪と氷雨が続いた

トルコの少年
パン売りの子

トルコ東部の大地と
標高5137mの大アララット山

トルコ東部の女の子

イスタンブールのアジア側にあるハレムの波止場にて

まえがき

これは１９９２年から１９９３年にかけて友人と二人でインドのコルカタからネパール、パキスタン、イランを経てトルコまでを自転車で旅した記憶をまとめたものである。その後、私はトルコからギリシャ、イタリア、スイス、フランスを経てロンドンまでの旅を続け、友人はイスラエル、エジプトを経由してイタリア、スイス、フランス、スペイン、ポルトガルを経てアメリカ大陸を横断した強者である。今回はこのうち二人で旅したトルコまでの行程をまとめた。

当時、悶々と暮らしていた私を連れ出してくれた友への感謝の気持ちを形にしようと考えたのが出版の目的だ。スマートフォンもインターネットもない時代の不便極まる旅である。また、まさか彼の地に自転車で行こうとする物好きもいないだろう。したがって、この旅日記が何かの役に立つことはない。また、文中の価格や為替レートは当時のものだから、これを参考にすると見事に失敗する。一方で、わが国を除いて、この30年で物価がいかに上昇しているかを目の当たりにすることくらいは可能であろう。

30年前の記憶はところどころあいまいで、私と友人とで記憶が食い違う場面もあったが、今回は私の記憶を優先した。旅の間はずいぶん彼に振り回されたのだから、このくらいは許してくれるだろう。お互いのブログを合体させて文と編集は私が担当し、一部は彼のブログをそのまま引用した。写真はほぼすべて彼が一眼レフで撮影したネガをデジタル化したものであり、手書きの行程図も彼のものである。

「あるかだし」はトルコ語で「友」を指す。私にとっての「あるかだし」は無論、共に旅した友を意味する。だが、一方で自転車の旅は多くの人の助けがなければ続けることができなかった。帰国後、私は友と呼んだ人々が暮らす町や国で災害や争いごとが起きるたび、あの人はどうしているだろう、と思うようになった。ところが世界では今も、友と呼ぶべき人が暮らしているであろう隣同士で争いごとが絶えない。友が暮らす町に爆弾を落とそうとする人がいなくなることを祈るばかりである。争いごとがあっては、のんきな旅もできないのだから。

インドからイランまでの行程図

ニューデリー～ラホール、ラホール～イスラマバード、イスラマバード～クエッタは列車による移動、テヘラン～タブリーズはバスによる移動。

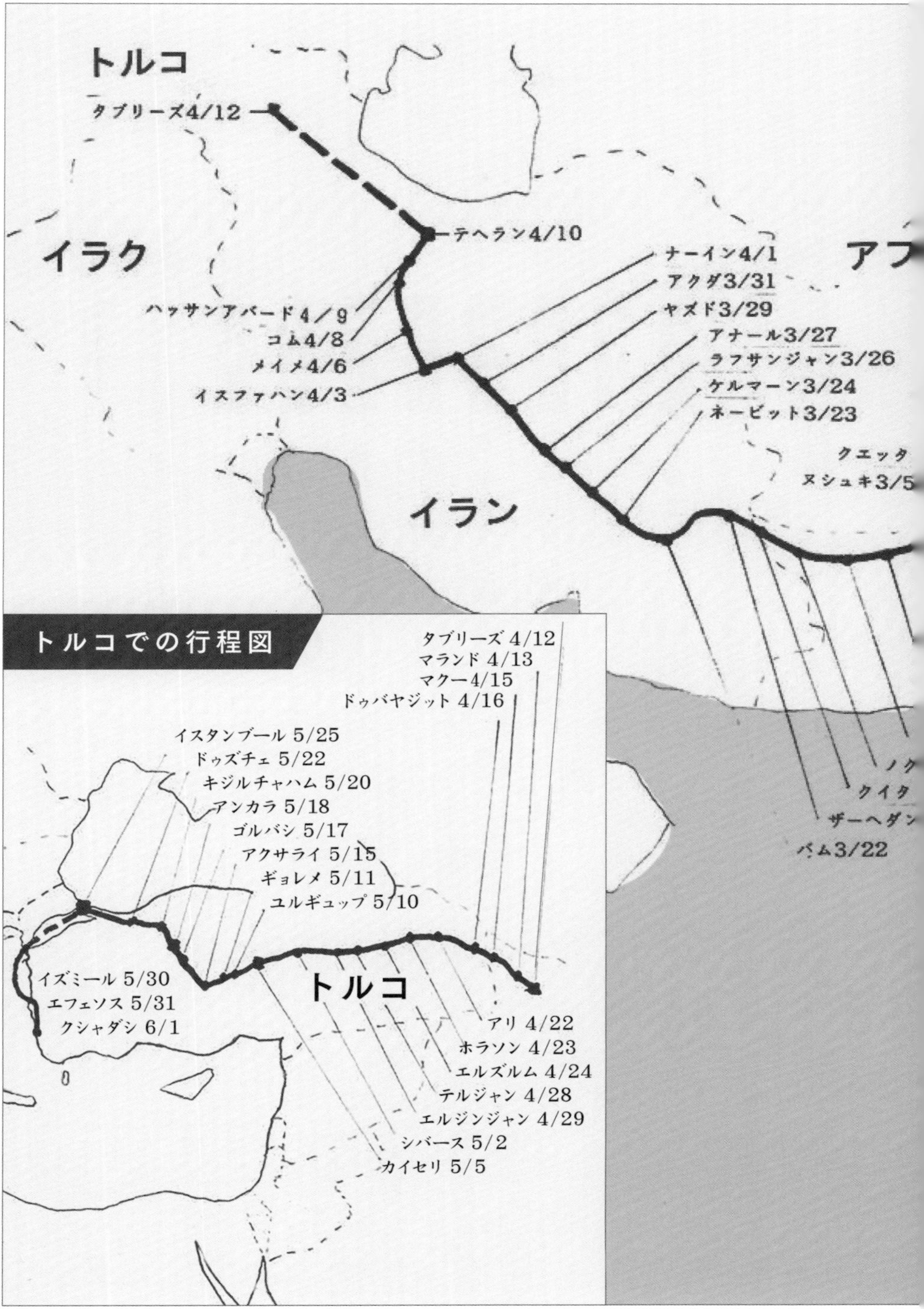
トルコ
タブリーズ4/12
イラク
テヘラン4/10
ハッサンアバード4/9
コム4/8
メイメ4/6
イスファハン4/3
ナーイン4/1
アクダ3/31
ヤズド3/29
アナール3/27
ラフサンジャン3/26
ケルマーン3/24
ネービット3/23
アフ
クエッタ
ヌシュキ3/5
イラン
ノク
クイタ
ザーヘダン
バム3/22
トルコでの行程図
タブリーズ 4/12
マランド 4/13
マクー4/15
ドゥバヤジット 4/16
イスタンブール 5/25
ドゥズチェ 5/22
キジルチャハム 5/20
アンカラ 5/18
ゴルバシ 5/17
アクサライ 5/15
ギョレメ 5/11
ユルギュップ 5/10
トルコ
イズミール 5/30
エフェソス 5/31
クシャダシ 6/1
アリ 4/22
ホラソン 4/23
エルズルム 4/24
テルジャン 4/28
エルジンジャン 4/29
シバース 5/2
カイセリ 5/5

Contents

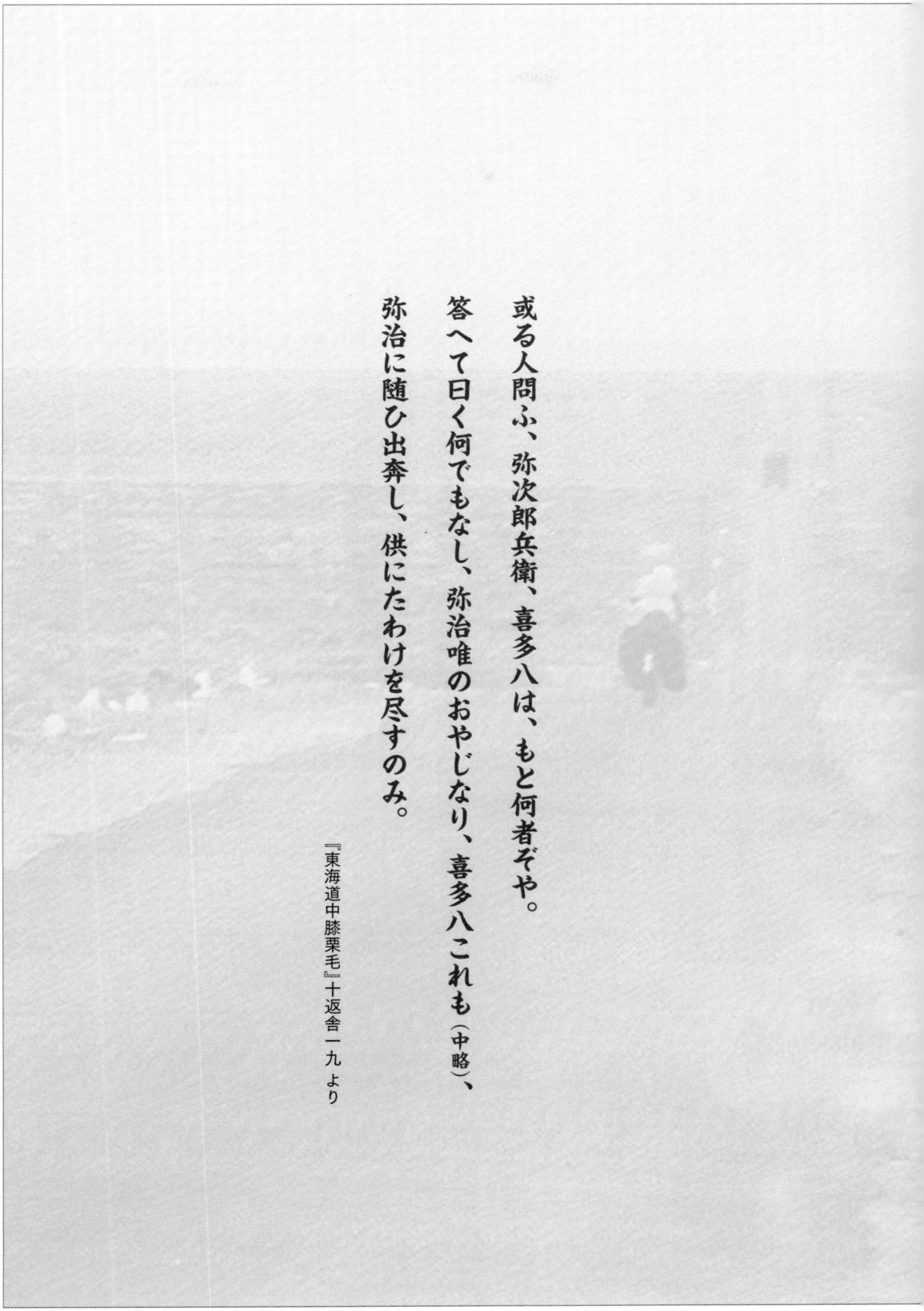

或る人問ふ、弥次郎兵衛、喜多八は、もと何者ぞや。
答へて曰く何でもなし、弥治唯のおやじなり、喜多八これも（中略）、
弥治に随ひ出奔し、供にたわけを尽すのみ。

『東海道中膝栗毛』十返舎一九 より

静岡から大阪の八尾に転勤が決まった時、相棒の福永は彼が長年乗った古くさい自転車を送別の品にくれた。そのとき彼は、

「おまい、自転車でシルクロードを旅してみる気はないか？」

と言った。ただ、彼がその計画を打ち明け、同行者として誘ったのは私だけではなかったことを知ったのは、ずいぶん後になってからのことである。彼はすでに賢明な二人から断られ、私は3番手の候補だった。このことを知った時、私は彼から裏切られたような気分になって、しばらくはイジけていたのだが、ここでは置いておこう。


さて、当時の私は自転車にも旅行にもさして興味があるわけではなかったが、シルクロードという言葉の響きだけは鮮烈で、単純な私には、それはとてもカッコいいことのように思えた。私は、ＮＨＫ特集※1の画面に、砂漠をばく進する自転車の二人が映し出され、喜多郎のテーマ曲をバックに石坂浩二の声が自分の名前を連呼することを妄想して、ニヤニヤしたりした。


この妄想はきわめて私を刺激したので、福永の提案に賛同し、わたしたちは、

「30歳になる年に、お互い独身で、世界が平和だったら出かけよう」

という、夢だか予定だか分からない約束をした。

そうして、自転車で大阪の八尾から静岡まで来てみたり、北海道を旅行してみたり、富士山の5合目まで登ってみたりと予行演習をしながら、結局は二人ともわざと独身でいた。１９９２年は、ユーゴスラビアで紛争があったり、湾岸戦争が終わったばかりだったが、どちらかといえば国際情勢は落ち着いていた。そこで、私たちの、夢だか予定だか分からない約束はとうとう現実のものになってしまったのである。

勤めていた会社やら友人知人やらに何度も盛大な壮行会をやってもらい、お祝い金やら旅行用物資やらをせしめ、お守りなんぞをたくさんもらい、私はヒーロー気取りで会社を辞めた。

はじめ私たちは中国を横断してパキスタンに入国しようと考えた。その方がシルクロードっぽいからである。しかし当時、中国への入国にはビザが必要で、私たちのようなややこしい旅行者にはべらぼうな金額が必要であることが分かった。

そこで出発地はできるだけ日本に近いタイやベトナム辺りを候補に挙げたのだが中国に入れないとなると今度はミャンマーを通過しなければならない。

そんなわけで、60年代生まれで、上の世代からはノンポリ※2と呼ばれた私たちはわりとあっさりと『インドからでいいんじゃね?』くらいのノリで、インドの最も東端にあるコルカタをスタート地点に選んだのであった。

ところがこの安易さゆえに、私たちの旅は多くの問題を抱えてスタートすることになったのである。

※1　ＮＨＫ特集…１９７９年放送開始。ドキュメンタリー中心で、現在は「ＮＨＫスペシャル（略してＮスペ）」と呼ばれる。重みがなくなるので、なんでも短縮すればよいわけではなかろう。「シルクロード」は１９８０年から１９８３年にかけて放送され、ナレーションを石坂浩二、音楽を喜多郎が担当した。80年代のシルクロードブームはこの番組が起点となっており、私もブームに乗っかろうと思ったワケである。

※2　ノンポリ…Nonpoliticalの略。１９６０〜１９７０年代の学生運動に関心のない人を指し、流行語にもなった。私が学生時代を送った80年代には、政治やイデオロギーに無関心であることを指すときに使われたが、今や死語である。ただ、旅に出てみると、ノンポリであることよりむしろ、自分がno religious＝無宗教＝であることを思い知ることになった。

第１章
インドにて
India

1992年４月６日〜４月20日
1インドルピーは当時約５円だった。

1 コルカタ脱出の巻

シルクロード横断という野望もいくつかの困難ゆえに「インドからでいいんじゃね」という安易な計画のうえ、無知な私たちの旅は、初めから多くの問題を抱えて始まった。

まず4月のコルカタの平均気温は、最高36度、最低でも25度という猛暑だ。この中で40キロ近い荷を付けた自転車をこぐのはなかなか大変である。また、この町はまさに混沌という名をほしいままにするような『インド・オブ・インド』みたいな所で、道の真ん中を歩けば牛のうんこを踏み、路肩を歩けば路上生活者から足首をつかまれるというまれな体験はできるものの、初心者が楽しく過ごせるような旅先ではない。

1992年4月、海外旅行の経験さえない私は、福永に連れられてコルカタ経由デリー行きのインド航空機に乗った。飛行機の中に入ると、すでにカレーのいい香りが漂っていたが、カレーの香りが私

友人らに見送られた

の食欲をそそったのは残念ながらこの日が最後だった。

コルカタの空港で、乗客はいったん全員が降ろされ、暗い蛍光灯がともる部屋に詰め込まれた。警備員らしき大きなインド人は、このままデリーに行く者とコルカタで降りる者とを大声で叫びながら右と左に振り分けた。入国手続きを終え、ゲートの外に出ると、インド人たちは大挙して私たちの方に向かってきて「荷物をよこせ」と言った。「何と親切な人々だろう」と私が彼らに言われるまま荷物を渡そうとすると、福永が待て、と言い、

「イズ・イット・フリー?」（ただなのか?）

と彼らに言うと、すごすごと下がっていった。私はようやくそれが彼らの生業だと知った。

空港からタクシーに乗り、私たちは暗闇にうごめく人の気配を感じながらサダル・ストリートと呼ばれる安宿街に向かった。ホテルと書かれてはいるが、いかにも安宿風の建物が並ぶ辺りで福永はタクシーを止め、1軒のホテルに入っていって宿代の交渉を始めていた。こうして私たちの旅が怪しく始まった。私が、

「帰りの航空券はどうするのか」と聞くと、

「捨てる」と言う。

往復で買った方が安くつくのだそうだ。なるほど、旅行屋にいただけのことはあるな、と思ったものだ。福永は旅行会社に勤めていたから、スタートからしばらくのプランは彼が取り仕切り、私は『ついてまわり』の気楽な役であった。したがってこのアホなスタート時期も作戦もすべて福永の仕業である。

そもそも自転車で東から西へ向かおうというプラン自体が愚の骨頂であって、偏西風のおかげで私

たちは毎日向かい風の中を進むハメになったのである。

なにはともあれ、ぶつくさ言いながらコルカタの中央郵便局前をスタート地点に出発し、わけの分からん案内標識を無視しては道に迷い、タイヤをパンクさせ、カレー味以外の食べ物を探し、インド人と争い、「部活※1」以上にノドが渇き、下痢をし、牛のウンコをふんづけながら、私たちはデリーを目指した。

コルカタには2日滞在したが、福永はその間、ずっとコルカタの市街地図を探していた。当時は情報を手に入れるには紙の媒体か人に聞くしか方法がなかったのである。

インド全図なる大まかな地図は持っていたが、この混沌として魑《ち》魅《み》魍魎《もうりょう》な大都市をどう抜けたらよいのか、私たちは知らなかった。ところが書店はもちろん、屋台の本屋にも駅にもコルカタの地図はなかった。人に聞けば言葉も通じず、余計に混乱した。

出発の日のコルコタ市内。初日の私はまだオドオドした感じなのだ。

わけの分からん案内標識。だが、日本に来る外国人も、日本語だけの看板を見て同じように感じるのだろう。

福永はそれでも動物的な勘に長じた男だった。動物的な勘というより、持っている知識を生かして必要な情報を編み出す、という方が高級だろうか。「(南側に海があるコルカタでは)川が流れているから上流が北だろう」とか「(朝のうちは)太陽がある方が東だろう」とか言いながら、やはり右へ左へ迷いながらもようやく周囲が田園風景に変わってきた。

2 インドで英語は通じない

コルカタの喧騒を抜けフーグリー川に沿って北上すると、これまでと違う町並みが現れた。このチャンダナガーという学生街のような街は、コルカタの風景とは異質の雰囲気を感じて、私は「今日はこの辺でやめたいなあ」と思ったのだが、結

※1 私たちの学生時代は「部活」中の飲水は固く禁じられ、あるサッカーの名門校では「どぶの水をすすった」という逸話もある。飲水不可に科学的根拠はなく、そのよりどころは昭和の根性論でしかなかったが、今思えば「不適切にもほどがある」おきてであった。

局、朝から60キロほど走り、私たちはフグリという村でその日の行程を終えることにした。村人に囲まれた私たちは、「ホテル！　ホテル?」と身ぶり手ぶり騒いでみたが、あいにくこの村に宿はないらしい。村人が何を言っているのか分からないが、どうやら目の前にある藁《わら》ぶき屋根の茶屋を指さし、「ここに泊めればよかろう」との合議が成立したようだった。そうして彼らは勝手に自転車を茶屋のテーブル脇まで運んだ。隙間だらけの藁ぶきの屋根と粗末な石の壁はあるにはあるが、間口には戸も仕切りもない。中には簡素な木製のテーブルと長椅子が置かれ、奥は調理場のようだった。

茶屋の主人は「ベルルリー・カンフォルタブルなシャワールもある。（たいへん快適なシャワーもある、の意）」と言ったが、裏庭には井戸があって、主人より若い兄さんが手でギコギコこいで頭から冷水を浴びせる、という環境配慮型の設備だった。

インド人の英語はおしなべて皆「R」を気合を込めて発音する。したがって、シャワーは「シャワー

この日のホテルと宿の兄さんたち

とても「カンフォルタブル」な「シャワール」

ル」、カンファタブルは「カンフォルタブル」と聞こえる。「ホワッツ・ユーアル・パルパス」とは「What's your purpose?」の意味なのだ。

インドでは英語が通じる、と私たちは思っていた。インドの公用語を調べると「ヒンズー語と英語」とされていたからである。ところが私たちがウロウロする地方の田舎ではおおよそ英語は通じない。これはインドばかりでなく、ヨーロッパに入っても同じだった。この茶屋の主人は例外中の例外であり、私たちは少しでも英語が分かる人を捕まえては、その国の言葉をカタカナで書き留めて言葉を覚えていった。ところが、インドという国では言語が実に600種類もあって、私たちが初日に身に付けたはずの言葉はヒンズー語とは異なる「ベンガル語」なるものであったから、移動するにつれて修正しなければならなかった。

豪華な夕食が出されたうえに、彼らは一晩中私たちの世話を焼いてくれたのだが、私たちの旅の1日目はこうしてあまり安らかではない眠りに就いたのだった。この宿の宿泊代は夕食と飲み物込、二人で250ルピー(1250円)だった。

3 インドの電気とホテルとチャイ

私たちが利用する「ホテル」は、日本円に換算するとおおよそ1泊100円~500円が相場だが、たいていどこの「ホテル」にも電気は来ていない。部屋には天井のファンと電灯が設置されているのだが、電気が来ないから稼働はしない。したがって、「ホテル」は日が落ちるとローソクかランタンを用意してくれる。

時に大きな町で1000円以上の「高級ホテル」に泊まると、そこでは自家発電装置を備えており、日が暮れた頃合いになると、ダッ……ダッ……ダッダダダダダ~とモーターの回る音が響き渡り、それとともに明かりがつきだす。

ただ、当時のインドでは基本的には電気がない生活に甘んじることになった。冷たいコーラが飲みたいと思って、

「サムスアップ※2を2本!」

と注文すると、店のおじさんは奥の冷蔵庫からビンのコーラを出してくるのだが、渡された瓶は冷えてい

店にはコーラが並んでいるのだが…

チャイ屋のおばちゃん

ない。

「冷たいのをください」と言えば、

「悪いね、電気がないのだ」

と言われてしまうのだった。

ただ、いずれにしても冷えていないことが多いので、私は次第に本場の熱いチャイを好むようになった。羊の乳で煮込んだチャイは店によって香辛料の配合が異なるから、味もそれぞれ個性がある。素焼きのカップに注がれたチャイを飲み干してカップを返そうとすると、道に捨てるのだ、と言われた。他の客を見ると、カップを地面にたたきつけ、サンダルで踏みつけて粉々にしている。カップにしみたミルクや糖分が土の養分となるのだろうか。

翌朝6時30分にお世話になった宿を出発した。決して居心地が悪かったわけではなく、涼しいうちに距離を稼ぎたかったからである。昼過ぎにはバルド

※2　サムスアップはインド製コーラである。インドではサムスアップとカンパコーラというインド製コーラ、それにリムカというカルピスソーダみたいな瓶入りの炭酸飲料を毎日のように飲んでいた。

マンという大きな町に着いたので、両替をしに町の銀行に出向いたが、なぜだか両替を断られた。理由は今も不明である。この晩は水のシャワー設備がある安宿に泊まり、夕食はホテルの外で食べた。宿泊は二人で80ルピー（約４００円）、夕食は二人で45ルピー（約２４０円）であった。

次の日も早朝に出発、14時ごろにドゥルガプルという町に入った。ばかデカい鉄工所が煙突から黒い煙を吐く町だったが、ちょうど私たちが通りかかった街道沿いに、小ぎれいなホテルがあって、私は久しぶりにお湯で体を洗いたい衝動にかられたため、高くてもここに泊まりたいと主張した。あいにくあてがわれた部屋はダブルベッドだったので二人とも背を向けて、ベッドのいちばん端に寄って眠ることになったが、日本を出て初めて浴びるお湯のシャワーは格別だった。このホテルは二人で３５０ルピー（約１７５０円）で、一人１０００円出せば快適な宿を確保できることを知ったのだった。

翌日はスーリという小さな町に泊まり、コルカタを出て5日目にドゥンカという町に着いた。これまでは平地が多かったのだが、ドゥンカに至る道はアップダウンが激しいうえに、暑さはさらに厳しさを増した。私にはまるで太陽と風が意地悪をしているように感じられた。おまけに茶店やドライブインらしき所もなかったので、二人ともほとほとくたびれて町中の適当な宿に転がり込んだ。ここまで毎日70〜80キロ程度を進んでいたが、軟弱な私が、

「週5日走ったのだから1日くらい休憩しよう」

と言うと、福永も疲れていたのか同意してくれた。こうして私たちの中でおよそ週休2日制が定着していったのだった。この日は食欲もなく、二人とも夕食をとれなかった。

ドゥンカは地図で見ると、ごく小さな村のようだが、身なりの良い学生が多く、インドで初めて喫茶店を発見した。私はこの店の客がちゃんと靴を履いていることに驚いた。これまで出会ったインド

人のすべてがビーチサンダルか裸足だったからだ。私たちはこの店で「コールド・コーヒー」と書かれたアイスコーヒー（7ルピー・約35円）を注文した。ミルクとネスカフェの粉と砂糖と氷をミキサーに入れてかき回したものだったが、これがやたらとうまい。1杯ではやめられず、二人とも下痢を覚悟で3杯ずつ注文したが、この晩にもよおすことはなかった。

この日以降、日中の走行は控えて、できるだけ朝早く、4時か5時には出発して午後早い時間には宿を決め、あまりおいしくない食事をし、翌日の計画を立てるというのが日課となっていった。自転車旅行を始めて1週間は大体こんなふうに過ぎていったが、毎日驚くことばかりだったから1日は短く、1週間はとても長く感じられた。

4月13日、デオガールという町を経て、ジャムイという町に入った。

鉄筋コンクリートのホテルの中庭では子どもたちが走り回って遊んでいたが、私たちを見ると一番上の少女が「一緒に写真を撮ろう」と言い始めた。彼女は私たちに兄弟の紹介をしてくれたのだが、一人だけ名前を呼ばれなかった少年がいた。私が無神経に「彼の名前は何ですか?」と聞くと、彼女は「ヒー・イズ・ア・サーバント（召し使い）」と言った。

さっきまで一緒に遊んでいる姿は兄弟同然で、その少年だけが特別な存在であるとは気づかなかったが、改めて見ると、彼の着ている服だけは他の子と比べて薄汚れていることに気づいたのだった。

外が薄暗くなってきたころ、この家の電灯がともった。一番上の少女が言った。

「エレクトリック・イズ・カミング」

「彼は召し使いだ」という英語と「電気が来ている」という英語は、どちらも中学の教科書に出てきそうな言葉だったが、私が知らない異質の世界の言葉だった。「来ている」という現在進行形の表現も、ズンと鈍く低い音がして蛍光灯がチカチカし始めることをうまく表していた。この国では子どもの頃から身分が厳しく分かれ、夕方になると「待ってました」いうように電気がやってくるのだということを合点承知した瞬間だった。

4 インドの食べ物事情

インドではカレー以外の食べ物を探すのに苦労した。1日3食カレーを食べると、カレーを食べたくなくなることが分かったからだ。小さな村でも道路沿いには屋台のような店がいくつもあって、入り口には給食で使われていたような大きなアルミ製の鍋が置いてあるのだが、どの鍋も入っているのはカレーだった。昨今流行りのネパール料理店のように「辛さを選べます」なんてサービスがあるはずもなく、出される水は飲んではいけな

インドの子どもたち。右端の子は「サーハント」と呼ばれていた。

い。ネパール料理店がウリにする「ナン」も見かけたことはあるが、私たちが立ち寄る店で供されたことはなく、通常はパサパサのご飯に店ごとのカレーがかけられたものを右手ですくって食べる。初めのうちは物珍しさに現地の人をまねて手で食べていたが、どうにも食べづらいし不衛生なので結局は日本から持参したスプーンで食べた。

並んでいるギョーザみたいな物は「サモサ」と呼ばれ、私たちは二人とも「これこそはカレーではない食べ物だ」と期待してみたものの、残念ながら中の具はカレー味だった。

こうして、その日の宿泊地に着くと、私たちは中華料理屋を探すようになった。中華民族というのはこんなインドの村にも暮らしていて、たいていの村や町には中華料理店があった。「フライド・ライス」はチャーハンで、「ヌードル・スープ」はラーメン

カレー屋さん

である。春巻きはその名のとおり「スプリング・ロール」と記されていた。「スイート・サワー・ポーク」が酢豚を指すのだということもすぐに分かったが、この国で肉は高くつく。節約したい私たちは、最も安い「スイート・サワー・ベジタブル」と書かれた「肉なしの酢豚」を好んで食べた。

5 パンクと下痢は2日おき？

小さな村では、自転車を止めるたびに大人も子どもも村人が私たちの周りを取り囲んだ。彼らは何をするでもなくジーっとこちらを見ているだけである。初めは私たちも歓迎されているのかと思って話しかけたりしたのだが、これでは休憩もできないので、日がたつにつれて鬱陶《うっとう》しくなり、誰かが自転車に触れようとするだけで怒ったりした。器量の狭い旅人である。たぶん、外国人など見たことのない彼らには、この

休憩しようと立ち止まると、とたんに集まってくる

くそ暑いのに自転車で旅をする物好きな異国人が珍しくて仕方がなかったのだろう。
パンクと下痢は、ほぼ2日か3日おきに訪れた。40キロも荷物を付けていたから前輪・後輪のどちらかがパンクすると全く進めなくなる。ところが、その場でゴソゴソやっていると取り囲まれて見せ物になるから、パンクしたら手っ取り早く新しいチューブと交換し、宿に着いてから穴をパッチで塞いだ。私は新しいチューブを3本持っていたが、パッチを貼ればいずれも半永久的に使えた。

4月16日、パトナーという大きな町に入った時は、「HOTEL MENKA[※3]」という安宿を確保したうえで、久しぶりに見かけた高級ホテルに入ってエアコンの冷気を無料で浴びまくり、氷の入った冷たいミルクセーキを頼んだ。高級ホテルのミルクセーキは私たち二人の宿泊代と同じだったが、この夜、二人は示し合わせたように激しい下痢をした。ドゥンカの喫茶店で飲んだコールドコーヒーは、何でもなかったから油断したのがいけなかった。氷がいけなかった

水式クーラー[※4]の図

※3 「HOTEL MENKA」…水式のクーラー付き、ツイン、130Rs/2人
※4 水式クーラーは室外に取り付けられた送風機と部屋の間にあるすだれに水を供給して部屋を冷やす機械である。正式な呼び方は知らないが、私たちは勝手にこう呼んでいた。

のか、ミルクなのか、卵なのか、原因は定かでない。

3日後、ようやく下痢も治まり、パトナーを出発、町を出てすぐガンジス川を渡った。長さ6キロに及ぶ橋であるが、乾期のため水量は少なかった。ヒンズー教徒はガンジス川を「ガンガー（女神）」と敬い、沐浴し、洗面し、洗濯し、死者は川岸で火葬してその灰を川に流す。しかしどう考えてもこれは欲張り過ぎである。市街地から大量のごみや糞尿が流れてくる結果、この川は世界で最も汚い川に数えられることになった。インドに行ったというと「沐浴したか」と聞かれるが、免疫のない観光客は決して川になぞ入るものではない。3日おきの下痢ではすまなくなるのがオチである。

6 そうだ。ネパール、行こう。

パトナーから西へ向かえばデリーへ、北へ向かうとネパールへ続く道がある。私たちはともかく暑さから逃れるためだけにルートを変更し、多少は北にあって

ガンジス川を渡る

35

トラックの立ち往生

標高の高いネパールに逃げ込むことにした。

しかしこの暑さ対策というのも『北に向かえば少しは涼しいだろう』などという安易なもので、カトマンズに入るにはめちゃくちゃな峠を越えなければならない、ということなど少しも考えが及ばなかった。

山岳地帯だからアップダウンは付き物だし、何よりネパールの舗装状況は極めて悪い。いたる所で土砂崩れが発生し、トラックやバスが立ち往生する脇を自転車を引っ張って乗り切っていかなければならなかった。

おまけに復旧工事のおじさんたちは結構のんびりやっているし、工事の内容もツギハギ式の応急処置としか見えず、これじゃまたすぐに崩れることが容易に想像できた。

まあしかし、こうした土砂崩れはそのたびに雇用を生むわけだから、失業者の多いネパールとしてはわざと根本的な工事をしないのかもしれない。

第２章

ネパールにて

Nepal

1992年４月21日～５月16日
１ネパールルピーは約３円
手持ちのインドルピーをネパール・ルピーに替えたうえ、
100USドルをネパール・ルピーに替えた。

1 初めての国境

4月20日の夜、ネパールとの国境の町、ルクソールに到着した。自転車で越える、初めての国境である。島国に住む私たちは陸続きの国境を知らない。大陸の国境ってどんな所なんだろう？　そんな好奇心と緊張感で、ゆっくり走っていたが、どこに出入国事務所や税関があるのか分からない。

キョロキョロしていると、トラックの荷台に乗った人々が、ジェスチャーで戻れ戻れというので、引き返すと小さな小屋に、

「INDIAN IMMIGRATION」

と書かれている看板を見つけた。周りの店や事務所の看板にまぎれて気がつかなかった。国境だからといって、検問のゲートがあるわけでもなく、気づかずにネパールに入ってしまうところだった。

小さな小屋にはドアも仕切りもなく、中には

インド側の国境。なるほど、よく見れば「インディアン・イミグレーション」と書かれている。

テーブルとイスが置かれていた。誰もいないのでパスポートを出して、テーブルの前で立っていると、肩にタオルをかけた係員のおじさんが現れた。上半身ハダカのおじさんも一緒だ。

「それはオートバイか？　エンジンは付いているか？」

と聞くので、

「自転車であるからして、エンジンは付いていない」

というと出国のスタンプを押してくれた。その後、自転車で数十メートル進むと同じように「NEPAL IMMIGRATION」と書かれた小屋があり、そこで入国スタンプを押してくれた。国境でも、ここらの人たちは何のチェックもなく普通に往来している。緊張感などはみじんも感じられない。私たちは拍子抜けの感じで2つ目の国に入国したのだった。

4月4日から4月20日までの16日間で、一人当たりの出費は約2万円だった。1日あたりおよそ1200円で寝泊まりし、3食をとっていたことになる。

2 チトワン国立公園

ネパールに入って通貨は「ネパール・ルピー」に変わり、町ではペプシコーラやドイツ製のビールの看板が目立つようになった。小さな村の宿代は、おおよそ40～50ネパール・ルピーだったから二人で1泊120円くらいだった。

電力事情は変わらず、夜はやはりランタンかローソクの生活だった。ところが、インドでは食欲がなかった私たちも、ネパールでは新しい食べ物をいくつか発見して喜んだ。ランタンがゆらゆら光る屋台では、カレー以外に「ダルバーツ」と呼ばれる、カレー味ではない豆の煮込みが日常食として加わった。出会った学生たちには、インスタントラーメンである「チャウチャウメン」を教わった。

国境からカトマンズを目指すには激しい峠があるというので、私は川沿いの迂回ルートを主張した。相棒は肉体派であるから厳しい鍛錬を良しとするが私は文化的なタイプなので適度な鍛錬を好む。意見は分かれたが、ここは相棒が渋々折れた。

ヘタウダ（ヘトウラ）という町から西に折れ、ナラヤンガールという町を目指したが、「タンディ」と呼ばれるバザールで一人の学生が話しかけてきた。インドの人々と比べると顔つきが私たちに近く、好感の持てる青年だった。彼は、自分の家族が経営するロッジに泊まって野生のゾウを見に行かないか、と私たちに提案した。

チトワン国立公園にて

ゾウに乗るのは別料金

転んでもタダでは起きない相棒は、迂回して得られたこの提案（というよりポン引き）に乗じて、チトワン国立公園に寄ろうと言い始めた。こうして私たちはいったんルートを外れ、サウラハという、チトワン観光の中心エリアに向かうことになった。

野生のゾウやインド・サイ、もしかしたらベンガル・トラも見ることができる……というポン引きの甘い言葉につられ、多額の入園料を支払い、ガイドと共に自転車で湿地帯を40キロほど走りまわった。私はこんな所でトラなどに出会ったら危険ではないのか、と思っていたが幸いサルと向こう岸にいたワニを見かけただけだった。チトワン国立公園が世界遺産である、というのは帰国してから知った。相棒はゾウもサイも見られなかったと食ってかかっていたが、せっかく通りかかった世界遺産に立ち寄れたのは幸いである。

3 カトマンズは今日も雨だった。

ナラヤンガールからは坂道が険しくなり、本格的な山岳地帯に変わった。インドと違ってこの国には、多くの外国人が訪れているためか、旅行客は珍しくはないのだろう。子どもも大人も、われわれに対して特別な関心を示さないのが嬉しかった。休憩したり宿泊したりしても、インドのように村人に囲まれることはなかった。顔つきも私たちに似ている。私たちは初めて会ったネパールの人に、知り合いの日本人の名前を付けて呼んだ。

「柴田君、注文をお願いします」「杉本さん、お勘定してください」

カトマンズへ到着する前日は、ナウビセの食堂に泊めさせてもらった。中学生だという二人の娘さんは、電卓[※1]に興味を持っていじっていた。

ナウビセの食堂の姉妹。彼女たちとは英語で会話することができた。

カトマンズへの峠

4月26日「道がつづら折りになって、いよいよ峠に近づいたと思ふ頃」※2、山間に開けた盆地へ下っていくと、今まで見たことがない町並みが見えてきた。そこには盆地を埋め尽くす、びっしりと集まった家々が立ち並び、赤茶け黒ずんだレンガ色とくすんだ灰色の世界が広がっていた。

首都カトマンズである。当時ネパールはヒンズー教を国教と定めていたが、仏教寺院も多く、奈良や京都のモノとは色も形も異なる塔がいくつもあって、「オリエンタル・オブ・オリエンタル」みたいな町だった。

カトマンズでは、「ネパール人と結婚した学生時代の友人の元・細君の知り合い」が経営する食堂兼ホテルにお世話になった。インドでは出会わなかったネパール料理や、現地で入手できる材料でこしらえた日本料理がうれしかった。「モモ」と呼ばれるネパールの料理は肉まんの小型のような形をしていて、水

※1 国ごとにレートが変わるため、小型の電卓は重宝して持ち歩いていた。ヨーロッパ諸国も当時は、ギリシアはドラクマ、イタリアはリラ、フランスはフランを使っており、国境を越えるたびに両替をした。

※2 「道がつづら折りになって、いよいよ峠に近づいたと思ふ頃」:川端康成大先生の「伊豆の踊子」冒頭である。ただ、ネパールの峠は低木と茶褐色の山肌が続く埃っぽい道だから、天城峠のような情緒はみじんもない。

ギョーザに近いもので、カレーに飽きた私は好んで注文した。

この町から初めての国際電話に挑戦した。ようやくつながり、すぐに途切れた電話代は5分で６００ＲＳ（約１８００円）、私たちの宿代は二人で一泊50ＲＳだったけど。

カトマンズに入るとすぐに雨が降り出した。「ネパール人と結婚した学生時代の友人の元・細君の知り合い」によれば例年より少し早い雨季の到来だという。毎日雨ばかりが続いたが、それでもインドを走っている時が嘘のように涼しくなったことを私たちは喜んだ。

福永は荷物を外した自転車をこいで、郊外のヒンズー教や仏教寺院を訪ねるなど、雨でもしきりに行動した。私は体力を回復するために少し休憩したいと思い、雨のなか外出することは控えていた。

カトマンズにて

4 アンナプルナでトレッキング

4日間の滞在の後、あいにくの雨の中でも相棒は走り始めようと言った。雨季なのだから待っていても天気は回復しないだろう。今回は私が折れ、4月30日、一度はカトマンズを出発したが2キロも走らないうちに本降りとなり、私たちはいったんカトマンズに引き返した。私は「ほれ、みたこと

カトマンズ。ダルバール広場にて

か」と思わなくもなかったが、翌5月1日、5日間のカトマンズ滞在からポカラに向けて出発したのだった。

カトマンズからポカラまでは自転車で2日間を要した。まあ、普通は自転車では行かないけれど。

ポカラは、ネパールの代表的な保養地として観光客やハイカーや登山者が訪れる場所だ。相棒は、ネパールに着いたら自転車を置いて8000メートル級の山々が連なるヒマラヤのベースキャンプまでトレッキングしようと計画していたらしい。聞けばポカラからアンナプルナ・ベースキャンプを目指すトレッキングが可能であるという。ごく簡単に取得できる『トレッキング・パーミッション』(許可証)があれば、軽い装備でも出かけられる。

ところがあいにく私はこの夜、軽い発熱をもよおした。相棒なのであるから、当然に私

の回復を待つかと思いきや、福永は、

「んじゃ、俺は行くよ。治ったらおいでよ。おまいの顔も見飽きたことだし、たまには別行動しようぜ」

と捨て台詞を吐いて、私を放って一人で山登りに出発した。ショルダーバッグに最低限の荷物を詰め、ナイキと書かれたテニスバッグを片方の肩に担いで出ていった彼のいでたちを見て、ヒマラヤを舐めているのではないかと疑ったが、置いてけぼりの私はこれには関知せず、はて、この後どうしたものかと思案した。

翌日、私はもう1日休養しながら、トレッキングに出かける方法を探ってみた。すると一人旅の日本人観光客が、痩せこけたネパール人を伴って、このガイドを使ってあげてよ、などと言い寄ってきた。ガイド料はかさむが、私一人で山を歩くのも気が引けたので、私はそのガイドに同行を頼むことにした。ガイド料は1日300RS×8日間で、これにガイド氏の宿泊料と食費を負担した。

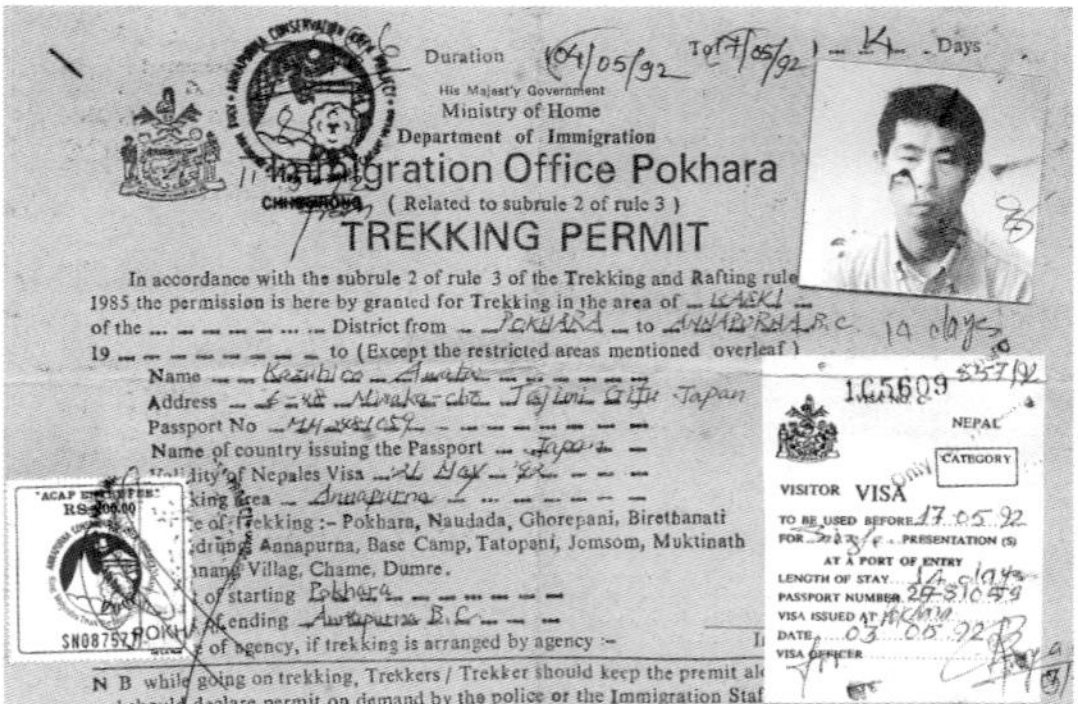
Duration 04/05/92 To 17/05/92 14 Days
His Majesty's Government
Ministry of Home
Department of Immigration
Immigration Office Pokhara
(Related to subrule 2 of rule 3)
TREKKING PERMIT
In accordance with the subrule 2 of rule 3 of the Trekking and Rafting rule
1985 the permission is here by granted for Trekking in the area of Kaski
of the District from Pokhara to Annapurna B.C. 14 days
19 to (Except the restricted areas mentioned overleaf)
Name
Address
Passport No
Name of country issuing the Passport Japan
Validity of Nepales Visa
Trekking area Annapurna
Route of trekking :- Pokhara, Naudada, Ghorepani, Biretbanati Ghandruk, Annapurna, Base Camp, Tatopani, Jomsom, Muktinath Manang Villag, Chame, Dumre.
Place of starting Pokhara
Place of ending Annapurna B.C.
Name of agency, if trekking is arranged by agency :-
N B while going on trekking, Trekkers / Trekker should keep the premit al and should declare permit on demand by the police or the Immigration Staf
NEPAL
VISITOR VISA
TO BE USED BEFORE 17.05.92
FOR PRESENTATION (S)
AT A PORT OF ENTRY
LENGTH OF STAY
PASSPORT NUMBER
VISA ISSUED AT
DATE 03.05.92
VISA OFFICER
CATEGORY
ACAP ENTRY PERMIT
RS. 200.00
SN087577

トレッキングマップパーミッション

5月6日、福永に2日遅れでガイドと合流した私はトレッキングに出発した。18万キロも走っているトヨタ・カローラのタクシーに乗って、マニュアル車特有のカラカラカラという音を聞きながらダンプスという登山口まで約20分。そこからのんびりトレッキングが始まる。ルートは一つしかないから、道中、各国の旅行者と一緒に食事をしたり、気が向けばそのまま合流したりして進んでいく。

私の仲間は、ロンドンの経営コンサルタント氏や、アメリカの女学生・CとG、ベトナムの帰還兵だという老人とそのお連れ、それにオーストラリアから来たヒッピー君やらで総勢10名ほどに膨れ上がった。女学生はシェルパ族のポーターを二人雇っていて、このポーターは私のことをずいぶん気に入ってくれたみたいだった。なにせ西洋人の中で私らだけがチビッ子で、「はにわ」みたいな東洋顔であるから自然と親しみが湧く。ポーターは私のことを『セイムフェイス』と呼んだ。

われわれはネパールの民謡「レッサン・フィリリ」を教えてもらい、この歌を覚えながらのんびり進んでいった。

♪レッサンフィリーリー、レッサンフィリーリー
ウーデラジョンキー　ダーラマバッソン
レッサンフィリーリー

この仲間の中に美しい女性がいた。経営コンサルタント氏の随伴者で、フィリピン出身の香港人お

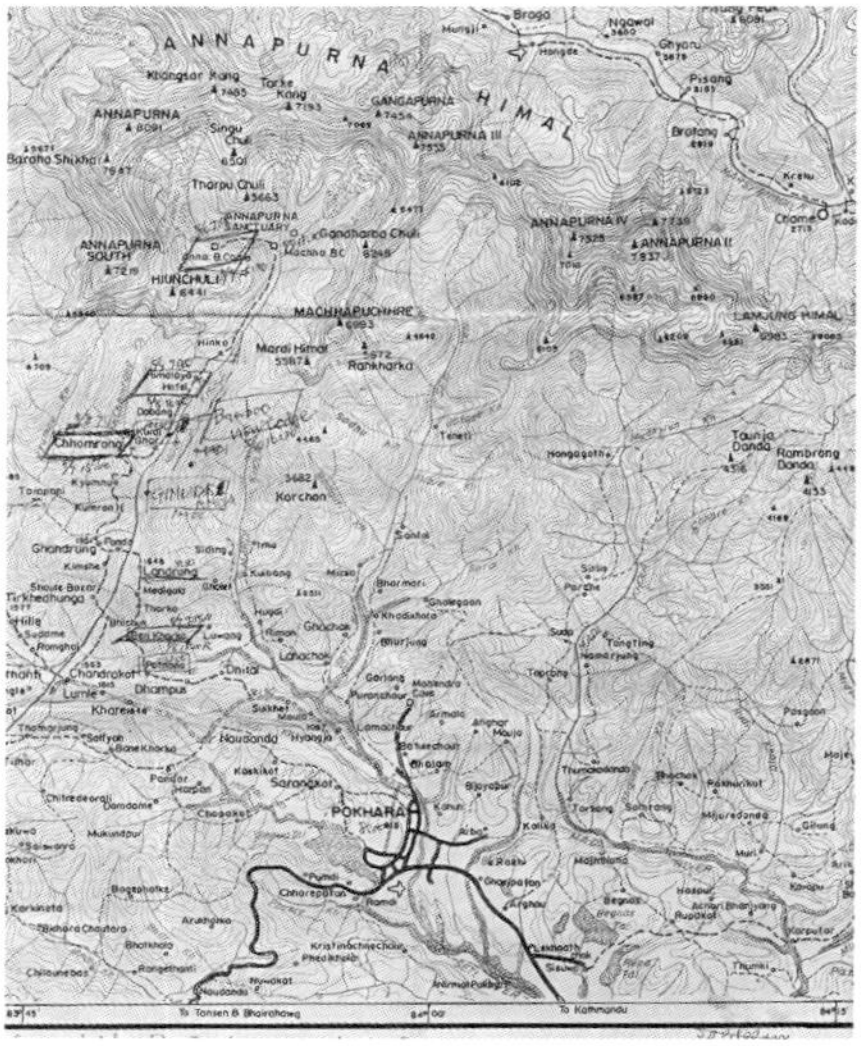

トレッキングマップ

「セイムフェイス」なシェルパ族

姉さまである。

彼女は国際線のスチュワーデス（最近はCAとかいうらしいが、「スチュワーデスさん」と呼ぶ方が艶っぽくてよいのである）で、経営コンサルタント氏がロンドンと香港を行き来しているうちに仲良くなったという。

なぜこんな立ち入ったことを私が知っているかというと、ぶしつけにも、

『あなたたちはいったいどのようなご関係にあられるのか?』

などという質問をしてしまったからに他ならない。

国際人たるもの、こういう野暮なことは聞いちゃいけない。答えはいかなる場合も一つであって、英語という言語の奥行きのなさ、風情のなさを思い知るばかりなのである。

40代半ばと思しきロンドンの男性と、20代後半と思しき香港の女性との関係を聞いているわけで、こちらとしては結構ワクワクしてその答えを待ったのである。ところがこのような場合に得られる回答は、ほぼ間違いなく、

「フレンド」

という味気ない一言なのである。

まあ、私が話す英語なんて来日3カ月目のイラン人の日本語みたいなレベルだったろうから、相手も「こいつには難しい英語は通じんぜ」と思ってのことかもしれないが。

2日目にはチョムロンという村のロッジに泊まったが、このホテルにはソーラー式のホットシャワーが備えられていた。ただこの後のトレッキングの行程でシャワーがある山小屋なんて基本的には存在しないので、一行は道中、汗をかいても雨にぬれても風呂に入らず過ごすことになる。

したがって仲間はみんな、男も女も臭い。米国の女学生はさすがにお年頃だけあって、その上に香水を上塗りするから、かえって経験したことのない異臭を放つのであった。

ちなみに百貨店に勤めていた私は、デパートの1階にある婦人雑貨コーナーの香ばしい香りや成田空港の免税店の強烈な匂いが、実は人知れず好きではある。だけどさすがに臭いモノにいいニオイを振りかけても改善はされないのである。物事を正すには根本を修正するのが基本である。

しかし、そんななかスチュワーデス氏は、川の水や井戸水で毎日体や髪を洗っていた。そのおかげで彼女の近くはいつもいいニオイがしていて、サバイバル的な生活の中で唯一気分がやんわりする瞬間だった。

おまけに彼女が使っているシャンプーやせっけんの香りは私好みに強かったから、結構いけるニオイがするのである。たしか90年代の日産自動車の広告コピーに、

「あ、この瞬間が日産車だね」

というのがあったけれど、彼女とすれ違うたびに私に届く髪のニオイをかいだ時は、

「あ、この瞬間が恋心だね」

なあんて感じたものである。

経営コンサルタント氏はラルフローレンのラガーシャツがよく似合う、温厚な英国紳士だったし、彼女は美しいオトナの女性らしく、気のきいたジョークでいつも私たちをなごませてくれていた。

その一方で、道中には雷に打たれたであろう、薪を背負ったままの男性の死骸や、家畜が突然横倒しになって衰えて死んでいく様を目にした。私はこれまでの自分の暮らしがいかに自然から隔離され、守られていたものだったかを知った。

5月8日、3日目に「バンブー」と呼ばれる茶屋で下山してくる福永と出会った。登りも下りもほぼ一本道だから、すれ違うことは珍しくないのだろうが、私は彼の姿を見てほっとした気分になった。

1992年5月10日、私の30歳の誕生日に、私たち一行はトレッキングの目的地であるアンナプルナ・ベースキャンプに到達した。アンナプルナ・ベースキャンプは標高4000メートルにあるというから、富士山よりも高いことになる。あまりにも暑いインドから逃げ込んできたわりには、寒すぎて困る羽目になった。仲間たちのなかには高山病で具合が悪くなった人もいたが、私はいたってへっちゃらだった。

しかし「記念すべき日に30歳の誕生日を迎えるオレは、やっぱり

ヒマラヤを望みながら飲むコーヒーは格別！

なんかモッテルぞ」という有頂天な気持ちは、彼女への好意を必要以上に膨らますきっかけになったのかもしれない。

その晩、スチュワーデス氏と経営コンサルタント氏は私のためにザックにあった食材をかき集め、彼らが雇っていたガイドにバースデーケーキを焼かせてくれた。高度４０００メートルで30本のロウソクを（なぜ彼らはロウソクなんぞを持ってきているのだろうというのは下山の際の格好の妄想ネタになったのだが……）一気に消そうとしたら少しめまいがしたけれど、私の30年の人生で最高の誕生日になったことは間違いない。

われわれはもうすっかり覚えてしまったレッサン・フィリリをみんなで歌った。

♪レッサンフィリーリー、レッサンフィリーリー
ウーデラジョンキー　ダーラマバッソン
レッサンフィリーリー………

「花の首飾りを持って、君に会いに行こう」

トレッキングの最終日、私は彼女にお別れと好意を伝えることにした。なんたって、日本から自転車で来たヒーローだし、モッテル男だから、淡い期待を胸に抱きつつこう言った。

「もし、東京―香港線に乗ることがあったら、熱〜いコーヒーをいただきたい」

彼女の切り返しは見事だったが、それはもしかしたら、私の帰国後の成功を祈る言葉だったのかもしれない、などと「モッテル」はずの男はあくまでもポジティブに解釈して気を取り直したのであった。

彼女はこう言った。

「ソーリー、オンリー・ファーストクラス」

経営コンサルタント氏の左手首は、こんな悪条件のトレッキング中もロレックスで飾られていたんだっけ……。

アンナプルナから下山し、福永と合流すると、私たちは宿代の安いホテルに移ってしばらくポカラでゆっくりすることにした。ただ、私がガイドを雇ったことを知ると福永は腹を立てた。普段あまり怒ることのない彼だったが、

ABCで迎えた30歳の誕生日

「何ともったいない金の使い方をしたのだ」

と怒ったように言った。

基本的にこの相棒は無類のケチである。そのうえ他人の金銭感覚が己と異なる場合には、独自の理論を展開してこれをぶちのめそうとするから厄介だ。したがって、彼の思いつきで立ち寄ったチトワン国立公園のべらぼうな入園料は許されるが、私を置き去りにした代償であるガイド料は許されないのだった。

ただこの独自の理論はなかなか興味深く示唆に富むので、聞いているとフムフムと思うところもあるのである。例えば、チトワン国立公園の入場料は世界的に貴重な絶滅危惧種の保護に使われるのだから高くても致し方ない（ゾウもサイも見られなかったというわりには寛大なのだ）。一方でガイド料はネパール人の欲望を満たすために用いられるから、これは彼らの消費の西欧化につながり、ひいては環境保護のためにならないというのである。

アンナプルナ・ベース・キャンプは略して「ABC」と呼ばれていた

第３章

インド再び

India

1992年5月17日～6月8日

1 新たな敵は蚊とのら犬

気温も快適で食べ物もおいしかったポカラでインド人と戦う心構えと気力を養い、私たちは楽しかったネパールを後にして、ふたたび灼熱のインドに乗り込んだ。

5月17日、国境を越えナウタンワへ着いたその夜は、ボロホテルの一室に泊まった。いつものように、この上なく不衛生なベッドに横たわり寝ようと思ったが、かゆくて眠れない。蚊の仕業だった。

蚊はO型の血を好むと聞く。私はO型、福永はB型であるからして、正常な嗜好を持つ蚊は私の方にやってくる。福永に向かう蚊は物好きな連中だ。

私たちは、くそ暑いのをこらえて長袖長ズボンに着替え、軍手と靴下を身に着けて、日本から持ってきた防虫ネットを頭からかぶった。だがふと目を開けるとネットには数えきれないほどの蚊

ある日の「ホテル」にて

がたかっていて、寝ぼけた私は、これまで見たどんなホラー映画よりも恐怖におびえたのだった。

仕方なく二人は夜中の2時ごろ宿を出発したのだが、街灯もない暗闇の道端には何人もの人がうごめいて寝そべっている。ますます薄気味わるいと思っていると、黒い犬が3頭、二人の自転車を追いかけてきた。オオカミのようにやせ細った犬たちの牙が白く光り、近づいてきた。私たちは石を投げて対抗しながら懸命に自転車をこいだのだった。私は狂犬病の予防接種を受けていなかったことを悔やんだ。

2 ヒンズー教とイスラム教

てんやわんやで毎日進み、バスティという町から「ガガラ川」と呼ばれる川を渡ると、川沿いに見事な建築物が姿を現した。「あれはなんなんだ?」と私の頭に強烈に残ったその光景は、帰国して調べたところアヨーディアのイスラム寺院で

黄色い土と砂ぼこりの道が続く

あったことが分かった。ところが私たちが通ったその年の暮れに、このイスラム寺院はヒンズー教徒らに破壊されたのだという。いわゆるアヨーディア問題は、宗教対立でなく、政治的な対立からインド中を巻き込み、ボンベイ騒動※1にまで発展したのだそうだ。

インドではヒンズー教徒が約8割を占めるが、イスラム教徒も14%ほどいる。したがって、小さな村でもイスラム寺院を見かけることがあったが、滞在中にヒンズーとイスラムの争いに遭遇することはなかった。ヒンズー教徒は他の宗教に寛大だと聞いているから、アヨーディア問題とボンベイ騒動は宗教の対立というより政治的な扇動であった、とする解釈に私は賛成する。

この日、私たちはラクナウという大きな町に入った。その夜、B型の福永に向かう蚊より物好きな福永は、夕食後に「映画を見てくる」と言って夜の9時ごろ出かけた。

両眼とも角膜移植を受け、コンタクトレンズでないと視力が矯正できない私は、旅に出る前に「ゾウが踏んで

アヨーディア

も壊れない[※2]メガネ」を注文し、「ゾウが踏んだらこわれますけど、かなり丈夫なメガネができました」と言われてこれを受け取っていたのだが、やはりメガネでは視力は0・2まででしか矯正できなかった。昼間はよいが、電灯のないインドで外出するには、ウシのうんこの一つや二つは踏む覚悟で臨まなければならないから、極力夜間の外出は控えていた。そんなワケで映画から帰ってきた彼を迎えると、久しぶりに上機嫌である。「何を言ってるのか分からないが、客席から飛ぶヤジや嬌声が新鮮だった」とのこと。想像するに、映画「ニュー・シネマ・パラダイス」[※3]で、スクリーンに映し出されるキス・シーンに村の子どもやおじさんたちが興奮して騒然とするシーンと似ているのではないか、と私は思った。

ラクダがすさまじい勢いで水を飲んでいた

※1　ボンベイ騒動：映画「ボンベイ」マニ・ラトラム1995年は、ヒンズー教徒とイスラム教徒が恋に落ち、結婚する物語だが、ボンベイ騒動がモチーフとなっている。

※2「ゾウが踏んでも壊れない」1969年、サンスター文具（株）が発売した、ポリカーボネート製筆箱のテレビCMのキャッチフレーズ。CMでは実際にゾウが筆箱を踏む映像が流れ、驚く私に両親は「学校にゾウはおらへんで、こんなのいらんわな」と購入を回避したのだった。

※3　ニュー・シネマ・パラダイス　1988年イタリア映画。監督はジュゼッペ・トルナトーレ。エンニオ・モリコーネが担当した音楽が有名だが、監督の自伝的なこの作品は、私が最も好きな映画の一つである。

ラクナウ駅

ラクナウの映画館

デリーまで410キロ

インド映画ではたいてい意味もなく大勢のキャストが歌って踊るシーンが登場するが、近ごろ日本で見るドラマの最後にタレントが踊っているのを見ると、たぶんインド映画の影響を感じるのである。そしてその娯楽性ゆえ、インド映画のエンディングは多くの場合ハッピーエンドであって、見ている方は安心して見ていられるのである。

5月26日に着いたアーグラーという町では、社会の教科書で見たタージマハールという荘厳なイスラム建築の見物などをしたのだが、私にはアヨーディアで見たほどの驚きや美しさを感じることはできなかった。建物自体は美しいはずなのだが、空気が煙っているために近くで見てもぼんやりくすんで見えたのがその理由だ。アーグラーの町はそのほかのインドの町より一段と埃っぽい印象を受けたのだった。

インドはヒンズー教の国のはずだが、このアーグラーでも、前出のアヨーディアでも私はイスラム教の存在を強く感じた。かつてインドを支配したムガール帝国の首都はデリーに置かれたというから、もともとはイスラム教徒が多数暮らしていたのだろう。

隣国パキスタンも同じ民族のはずなのに、イギリスから独立する際に、イギリスがとった分割統治政策によりイスラム教徒とヒンズー教徒が対立し、イスラム教徒が多い地域を分離して独立させることになってしまった。したがって分離独立の際には、イスラム教徒はインドの東西端にできたパキスタンへ、東西端にいたヒンズー教徒は新たなインド領への大移動が発生したのだった。その後、東端のパキスタンはバングラデシュとして独立した。

旅を始めたばかりの私だったが、大国の都合で同じ民族が分断されてしまう不幸が、世界にはいくつもあるのだと思い知らされたのだった。

3 デリーにて

5月30日　片側2車線道路が立体交差する近代都市デリーに入った。そこは私たちがこれまで見てきたインドとは別の国のようだった。

広い2車線の道路、時折見かける高層ビル、緑の芝生に覆われた公園。そして、町の中心地、コンノート・プレイスではハンバーガーショップを発見した。ガラス戸の入り口には警備員が立ち、店員は派手なシャツにかわいらしい帽子を

ハンバーガーショップはガラスの壁

身につけ、

「いらっしゃいませ〜」

などと言っている。スマイルはなかったけど……。小さな村々では、建物にガラスが使われていることもなかったのに。

もし大きな都市だけを旅行していたら、その光景をその国の姿として印象がつくられるのだろう。だが都市を一歩出ると、風景は一変する。例えばテヘランやイスタンブールだけを見て、この国はあーだ、こーだと言うのは遠慮したいものだと私は思った。日本を訪ねる海外の旅行者が東京と京都だけを観光して帰るのは、日本を訪ねたことにはならないのではないかと私は思う。


デリーに滞在中、福永の知人で全国紙デリー支局の駐在員の方には大変お世話になった。日本からの手紙を保管していただいたうえ、美味しい日本食※4をごちそうになり、さらにドライバー付きで市内観光にまで連れて行っていただいた。インド人の悪口を言う私に駐在員の方は、

「たしかにインドでは窃盗事件は多いのですが、殺人や強盗は少ないです。彼らには輪廻という気持ちが高じて、持てる人から持たざる人へ、さらには金持ちからは奪ってもいい、という発想があるのではないでしょうか」

※4　美味しい日本食：私の手記にはこの日のメニューが残っている。「盛りそばに白飯、サケの塩焼き（シンガポール産だが日本のスーパーのサケより脂が乗っていて極めて美味）、から揚げ、ほうれん草と人参のソテー、赤だし、マンゴー1個」。よほど感動したのだろう。

と言った。

これから行くパンジャブ州やパキスタン、アフガニスタンについての詳しい情報も教えていただいた。私たちが訪問している間もテレックスが流れて来ており、

「おやおや、パキスタンの北部ギルギットでスンニ派とシーア派の対立による暴動が起きてますよ！」

と信憑性の高い情報を知らせてくれた。

このデリーから次の国パキスタンを目指すのだが、私たちはあらかじめパキスタン側の国境の町であるラホールまでは列車で移動する計画でいた。

これは出発前に訪れた「外務省邦人保護課」の地味なお姉さんの助言による。地味なお姉さんは、パキスタンとの国境付近・パンジャーブ州について、

「ここはスィク教徒たちの暴動があって、渡航の延期をお勧めしますってエリアなの。だからあなたたち、デリーからは列車で行きなさい」

と「お勧め」だか「命令」だか分からない助言を私たちに与えたのである。

この時、私たちは外務省と現地の新聞記者という信頼できる筋から情報を得ることができた。今な

インド門にて

デリー駅前の混沌

らこんな手間をかけずともインターネットで簡単に入手できる情報かもしれない。

だが、インターネットではその情報が信頼できるものかどうかは私たちの側にゆだねられる。仮に出所が信頼できるとしても、その情報が最新のものかどうかが分からないこともある。

インドとパキスタンの国境に関して振り返るとき、私は便利なネット社会を手放しで喜ぶわけにはいかないと思うのだ。情報を選別する責任は私たちの側にあるのだから。


デリーでは駅前のパハル・ガンジーにある安宿に泊まった。私たちが選ぶ安宿には当然にエアコンはない。しかしこの宿には水冷式のエアコン（すだれに水を流して風を送るウインドファンみたいなもの）があって、天井にファンがついているだけの部屋よりかなり涼しく感じられた。

「お勧め」だか「命令」だか分からない助言に従い、私たちはまずアムリトサルまでの切符を買うことにした。ところがこれがまた大変な労力を要することになる。

まず、常に混雑しているのにインド人は並ばない。並ばずに、切符売り場の窓口に大挙して群がり、大声で行き先を告げ、ルピー札を握った腕を窓口のアクリル板の丸窓にわれ先に突っ込む、という画期的な弱肉強食のシステムである。中には腕から流血するヤツまでいる始末だ。

切符を買うために出血までしたくないし、傷口からヘンな病気に感染するのもイヤなので、私たちはもっと紳士的な方法で切符を買う場所を探した。

また、インド国鉄というのは非常にでかい組織である。

ウィキペディアによれば、「インド鉄道は世界でもっとも大きく、もっとも混雑した鉄道システムの一つであり、……加えて世界最大の雇用主の一つでもあり、160万人を雇用している」のだそうだ。デカイのはよいが、どの人が鉄道職員だか区別がつかないのが困る。

「荷物運んであげようか？」

に始まり、

「切符はこっちで買えるよ」

「安いホテルありますよ」

なんていうポン引きが次から次に現れるから、彼らを追い払いながら「紳士的な」切符売り場を探さなければならないのである。

私たちは時間もあるし、今日買えなきゃ明日でもいいだろう、くらいの気軽さだったから、特に焦ることもなく駅の構内をブラ

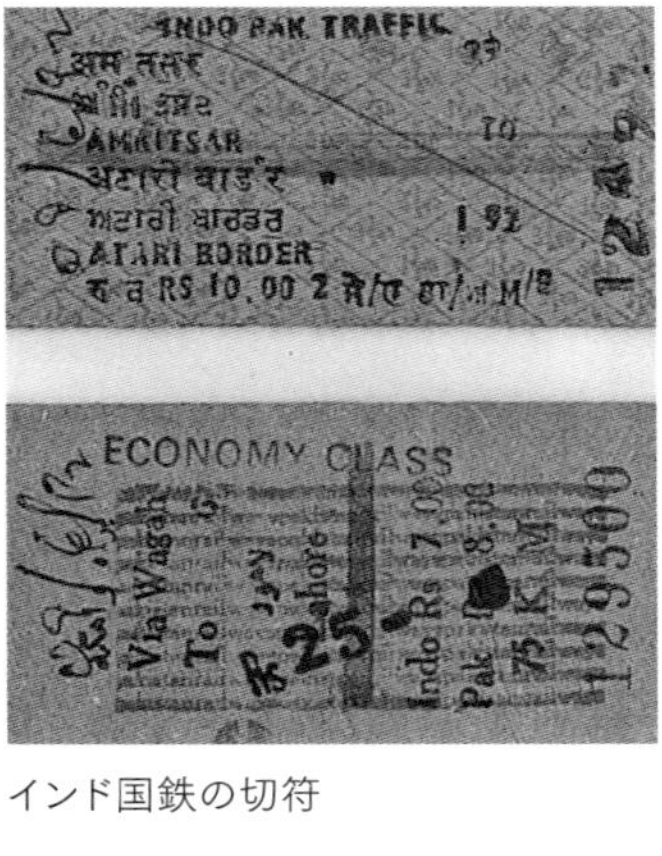

インド国鉄の切符

ブラした。そうこうしているうちに「外国人専用チケット」なる看板を発見した。

中は驚くべきことにエアコンが効き、ターバンを頭に、ネクタイを首に巻いた紳士が立っている。

「ホワッツ　ユアル　パルパス？」

（「What's your purpose? ＝目的はなんだ？」）

と言うので、

「パキスタンまでの切符がほしい＆自転車も一緒に積みたい」

と言った。すると、私たちは誰もいない（！）カウンターに通された。

エアコンの効いた快適な室内で、私らはカウンターに座る女性に自分たちの要件を告げた。しかし彼女はとてもキュートで、かつ残念そうな表情で、

「スミマセン。キョウ、ダメデス」

と言った。私たちは別に急ぐわけでもないし、明日でも明後日でもよいと告げると、彼女は安堵した顔で、

「OK、アシタ、キップ、ワタシマス。アナタ、アシタ、キテ、クダサイ」

と私たちに告げた。

4 インドで入院

その晩、相棒の福永が激しい胃痛を訴えたので、翌朝、私は駅前のできるだけ大きそうな病院に彼を連れていった。辞書を引き引き、

「胃痛か？　食中毒か？」

と言うと、医師の見立てではなんと、「赤痢」であって、3日程度入院せよという。相棒は私よりさらにガサツでハードな人間であるが、胃腸はめっぽう弱いのですぐ下痢をする。だが「赤痢」という、小学校の時以来初めて聞いた病名は私をやや慌てさせた。

入院にあたって、看護婦さんは私に、

「300ルピーの部屋と200ルピーの部屋と100ルピーの部屋があるが、どれにするか？」

と聞いた。本来ならそれぞれの部屋を見てから決めるところだが、私は、暑くてめんどくさいので真ん中をとって

「200ルピー」

と言った。

仕方ないので彼を入院させることにして、ホテルの延泊を確保し、同じ部屋でシングル料金になるようにインド人と粘り強く交渉して、デリーにしばらく長居をすることにした。

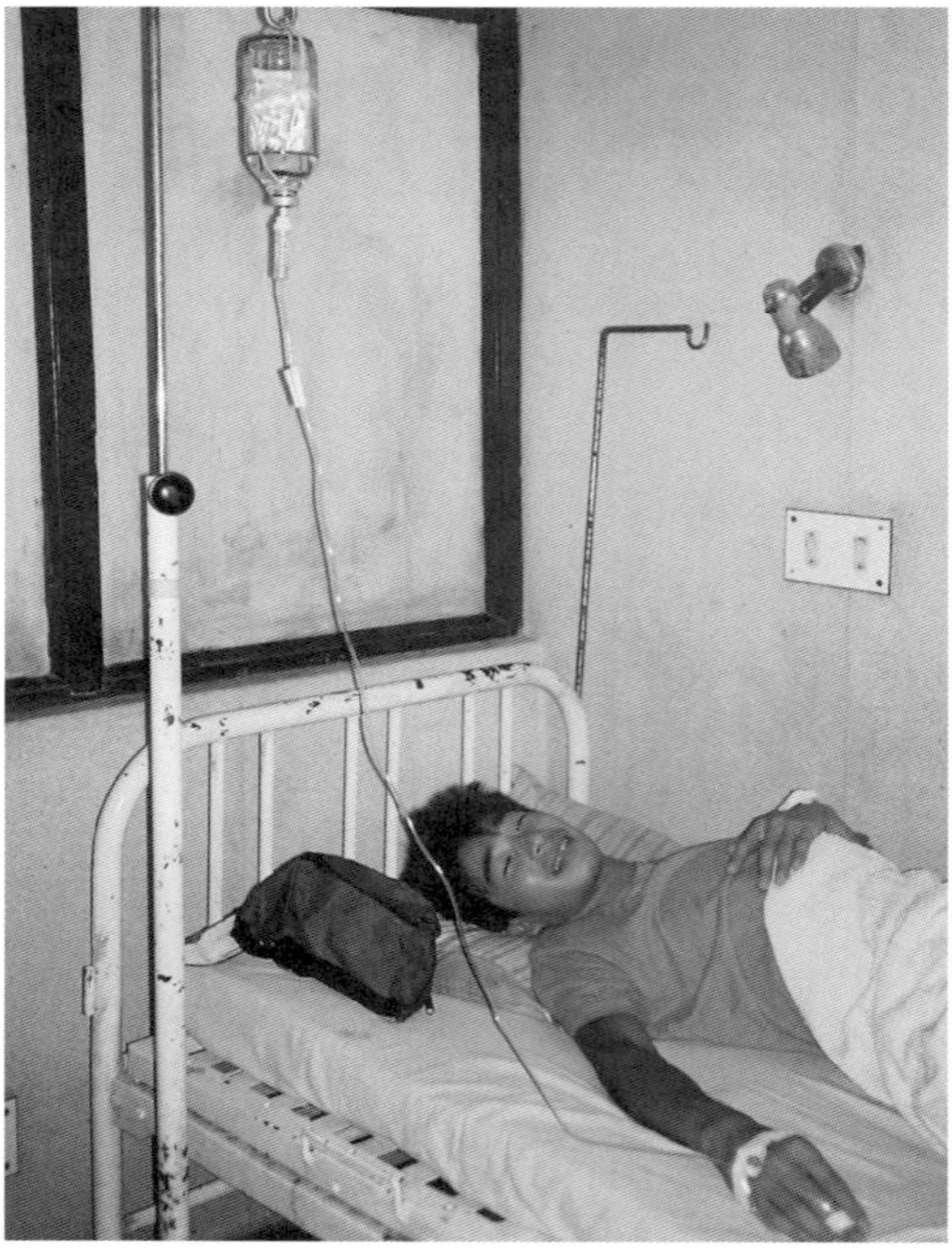

200ルピーの病室

デリー滞在中には、インドに「はまっちゃってる」日本人に何人か遭遇した。白いサリーを着た幽霊みたいな女性やら、麻薬中毒患者みたいな大学生やらと会うたびに私はさまざまな情報を得ることができた。情報といっても「両替はどこがいい」とか「買い物はどこが安い」とか「食事するならどこが安くてうまい」とかいう、主婦の井戸端会議のようなモノがほとんどだったが、なかには、「イランに行くならUSドルはその前に両替しといたほうがいい」などという貴重な情報ももたらされた。

またデリーでは、服やら石けんやらも調達した。日本から持ってきたキンチョーの蚊取線香も残り少なかったので、私は蚊取線香を買いに薬局に出向いた。

さすがに「蚊取線香」という英単語は知らなかったので、私は薬局のオヤジに、

「モスキート、グルグル」

と人差指で輪を描きながら伝えた。

薬局のオヤジはすぐに分かってくれて、キンチョーの蚊取線香とカメのマークの蚊取線香を持って来てくれたが、キンチョーのやつは、

「ベルルルリー、エクスペンシブ（とても高い）」

であるという。余談だがこの時私は、巻き舌で「VERY」と言うと極端に強調できることを知った。

蚊取線香など安い方がいいと考え、私はカメのマークのインド製蚊取線香を買うことにした。そしてオヤジに、

「ばいざうえい、インドはなぜカメのマークなのか？」

と尋ねてみたところ、

「日本はなぜニワトリなのか？」

と言われたので、私は「だんにゃばーど（ありがとう）」と、ごまかし笑いをしながら店を出たのだった。

　後日、キンチョーのマークで知られる「大日本除虫菊」の沿革を見たところ、創業者の座右の銘が「鶏口牛後」すなわち、むしろ鶏口となるも牛後となるなかれ、であったことからニワトリが商標登録されたことを知った。まあ、たとえこのことを知っていたとしても、私にそれを伝える英語力はなかったのだが。


　さて、相棒が入院してしまったので、その日のうちに鉄道の予約を取り消さなければならない。症状が落ち着いた頃合いを見て、私はニューデリー駅のエアコンが効いた「外国人専用チケット」売り場に出かけた。

　カウンターには、さいわい昨日と同じぽっちゃり女性がいて、私は、

「友達が病気なので出発を延期したい。日程はあらためて伝えに来る」

インドでお世話になったモノ。中央のカメのマークが蚊取線香。

と彼女に伝えた。彼女は昨日と同じキュートでかつ残念そうな表情で、キャンセル料がかかることを告げ、私はその分の料金を支払った。すると彼女は、

「アナタガ、ワタシニ、ニホンゴ、オシエテホシイ、デス」

と言う。

こういうとき、相棒がいないのは実に都合がよい。私はじっくりと時間をかけて少しの日本語を彼女に教えた。そして一応相棒の病院に顔を出して、

「調子はどうか？　ココは涼しくていいだろう。そうか、痛みはひいたか。まずは安心だ」

などとテキトーな言葉をかけ、ホテルに戻った。

翌々日、福永は思ったより元気な顔で退院した。私は病院で支払いを済ませ、帰国したら海外旅行損害保険にしっかり請求しようと考えて、領収書[※5]を大事にしまい、彼と二人でホテルに帰った。

「ほいじゃ、オレは切符買ってくるからしばらく休んでな。駅は人だらけで疲れちまうから」

と言い、かすかな再会の希望を胸に、みたび『外国人専用』チケット売り場に出かけた。

しかし、残念なことにカウンターには黄色いターバンを巻いた男性が座っていた。彼はずいぶんと親切で気さくに接してくれたのだが、私はあいにくちっとも嬉しくなかった。

翌日の午後、荷物担ぎを生業とする大量のインド人達をかき分けながら、私たちは自転車を引いて20時発車予定のインド国鉄の小豆色の夜行列車に乗った。

※5　この時の支払いは、1日当たり、診療代100ルピー、ベッド代200ルピー、その10%がナースサービス料、投薬代が200ルピー程度であった。

屋外よりもいっそう暑苦しい車内で発車予定時刻を待ったが、予定の20時を過ぎても21時を過ぎても列車が動き出す気配はなかった。

22時、突然列車が動き始め、いくらか涼しい風が車内に流れ込んできた。鉄格子のはまった車窓から、ゆっくりゆっくり流れる風景を見ながら、私はインド人への怒りを一つ一つ反芻しては腹を立てていた。

こうして私は、どうにもこうにも結局は好きになれなかったインドを離れることになった。

第 4 章

パキスタンにて

Pakistan

1992年6月9日～6月21日

1パキスタンルピー＝5.12円

暑くて苦しかったインドにに別れを告げて

1 イスラムの国で

6月9日、インドのアムリトサルという駅で列車を乗り換え、仲の悪いインドとパキスタンの国境を越えて、私たちはラホールという町にやって来た。インド側のアタリという駅で出国し、パキスタン側のワガーで入国審査を受けた。インドとパキスタンの時差は30分なので、一応時計を合わせた。この旅で初めての時差である。

初めて来たイスラム教の国では、朝・昼・夕と町中にアザーン※1が流れる。後で気づいたことだが、このアザーンを読む人は街々で異なっていて、読み手と音響機器の性能によって、それはまるで神聖な音楽のように聞こえる。ラホールのアザーンは、私にはとても心地よい音楽に聞こえた。ある朝、夢見心地で聞いたアザーンを、私は誰かがサイモン

&ガーファンクル※2のレコードをかけているのではないか、と誤解したことがあるくらいだ。

ここ2カ月というもの、音楽と言えば陽気で騒々しいインド・ポップスしか聞く機会がなかったから、遠くから聞こえる美しい調べのアザーンをわりと楽しみにして聞いていた。

さて相棒の福永は相変わらず不調で、この町からまた自転車で走りだすのはとても億劫そうだった。加えて、私たちはこの後イランに入国したいと考えていたが、ラホールのサルベーション・アーミー（「救世軍」。キリスト教系の宗教団体で、同じ名の宿泊施設は世界各地にあるらしい）に宿泊していた旅人の

※1・2 コーランとアザーンとサイモンとガーファンクル：アザーンはイスラム寺院がムスリムに呼びかける礼拝時間の知らせで、「アッラーフ・アクバル、アッラーフ・アクバル（神は偉大なり）で始まる。聖典であるコーランとは異なる。なお、この時私がサイモンとガーファンクルだと聞き間違えた彼らの曲は「For Emily, Whenever I May Find Her」である。

アムリトサル駅

情報では、イランのビザの入手が極めて困難で1カ月程度時間がかかるらしい。

そんなわけで、私たちはまず大使館のあるイスラマバードまで列車で行き、イランのビザ※3取得を最優先に考えることにした。

2 今度はパキスタンで入院

再び自転車を引いて、ラホールの駅から列車に乗り、私たちはイスラマバード近郊の町、ラワールピンディーを目指した。実は、この時の運賃を私たちは払っていない。前日に調べておいた発車時刻の2時間前に駅に行き、切符を買い求めようとした。ところが少しも言葉が通じず、切符を買えないまま発車時刻を迎えてしまったので、客車の後方に連結されていた貨物車に自転車ごと乗ってしまったのである。

プラットホームにいた人たちに手伝ってもらいながら、40キロの荷物が付いた自転車を貨物車に引き上げ、やれやれと思ってタバコに火を付けると、目の前

パキスタンの子どもたち

で「体操座り」をしている立派なあごひげを蓄えた老人と目があった。老人も無賃乗車なのだろうか？　この時の老人の微笑は、

「こういうの、この国ではありなんだよ」

列車にて

とやさしく教えてくれているようだった。私はインド製のタバコを1本彼に渡し、走りだした列車に流れ込む風に吹かれながら、一緒にふかした。外を見ると、流れていく砂ぼこりの街はもう夕方を迎えていた。

……そしてふと、ＪＴのコマーシャルみたいだな、と私は思った。インド製のタバコだったけどね。

ラワール・ピンディーはパキスタンの首都・イスラマバード近郊にあ

※3　イランのビザについては、相棒の福永に任せきりであった。旅に付き物の出入国手続きは彼の経験と機転がなければスムーズにいかなかったはずである。ただこの時の私は、「なんたって旅行屋にいたんだし、しばらく入院してたんだから、そのくらい働けよ。オレは百貨店あがりだから冷房効いてないところで働いたコトがないのだ」などと思っていた。

り、カラチ、ラホールと並んでパキスタン有数の町である。ちなみにイスラマバードというのはこの町の近郊に造られた行政用の人工都市だ。

さて、ラワール・ピンディーの安宿に陣取った私たちだが、相棒は早々にダウン、私はまた病院を探すことになった。

ホテルのレセプション（というより、番台にオヤジが座っているだけ）で、「ラワール・ピンディーで、最も大きく、最も有名な病院」を教えてもらい、タクシーでエマージエンシー（緊急）と書かれた受付に相棒を運んだ。

そこは『パキスタン国立ラワールピンディー・ゼネラルホスピタル』といい、どうやら信頼がおけそうなネーミングではある。私は担当の医師に、１週間前まで赤痢で入院していたこと、退院時に処方された薬の種類、それにここ数日の症状をメモに書きながら伝えた。診察のあと医師は、

「胃痛である」

と言い、「点滴の必要があるから入院せよ」と言った。

個室はないというので、私たちはがらんとした部屋にベッドが６つ並んでいる大部屋に案内された。看護婦は私に小さな紙切れを渡し、病院の外で点滴剤を買ってくるように命じた。30年も前の話だから、医薬分業はまだ日本でも一般的でなかった時代である。点滴剤も病院では用意されていないようだ。

「薬屋はどこか？」

と尋ねると、

「どこでもよい」と言う。

「いや、そうじゃなくてね、どこにあるんだい?」と聞くと、同じ部屋にお見舞いに来ていたパキスタン人の家族が、私に声をかけてくれた。何を言っているのかは分からないが、どうやら家族のうちの一人が薬屋まで一緒に行ってくれるらしい。

薬屋は病院の正面玄関を出て、道を渡った向かい側だった。一緒に歩きながら彼は一生懸命に私に話しかけてくれた。

『ジャパニ? ジャパニ?』

『トキオ? ヒロシマ?』

彼には誠に申し訳ないが、こういう時まともに答えるのはたいそう面倒なものである。私はできるだけ失礼にならないように、

「うん、ジャパンから来た。トーキョーから来た」

と答え、覚えたてのウルドゥー語で、

「しゅっくりあ(ありがとう)」

と言った。

この家族はアーマドさんという一家だった。おじいさんが入院しており、息子さん夫婦とその子どもたちがお見舞いに来ているのだろう。薬屋に案内してくれた若者を含め総勢六人が、おじいさんのベッドの周りでにぎやかにしている。彼らは、まるでキャンプにでも来ているかのようにさまざまな道具を持ち込んでいて、水の入った青いタンクやらおびただしい衣類、バナナやスナック菓子などが病室に積まれている。そうして彼らはそのまま全員が病院に泊まっていった。

この日私はアーマドさんが勧めてくれたバナナさえ喉を通らず、病院のベッドの脇で夜を明かした

が、翌朝この家族がくれた、温かいピリ辛のおかゆの味は忘れることができないでいる。はたして彼らは調理道具まで持ち込んでいたのだった。

一晩たっても相棒の容体は一向に改善しなかった。私は担当の医師に面談を申し入れた。

「赤痢がぶり返したのではないか？　肝炎ではないか？」

「血液テストをやってほしい」

しかし医師は、強い口調でこう言った。

「胃痛である」

そして血液テストの必要はない、と言った。

あきらめて医師の部屋を出た私は、少しめまいがして、廊下の長いすに座りこんで少し眠ってしまった。わずかの間だったと思うが、気がつくと黄色いスカーフを頭に巻いた白衣の女性が私の前にしゃがんでいた。彼女はわずかに微笑んで、

「チャイ？」

と言って素焼きの陶器に入ったミルクティーを私に差し出した。

廊下は相変わらず暑かったが、それ以上に熱いチャイをゆっくり飲むと、不思議に涼しく感じていくらか気分がよくなった。私は彼女に、

「しゅっくりあ」

と言った。

スカーフを巻いた白衣の彼女は英語でこう言った。

「私は医師である。あなた方は日本の旅人？　患者は友達？　それとも兄弟？　日本のどこから来た

の？」

私はアーマド君にしたのとは違う答えをしたかったので、「マウント・フジを知っているか？　私はその近くから来た」と言ってみた。

彼女は残念ながら富士山を知らなかった。しかし、こんなことを私に聞いた。

「ヒロシマでは木や草は、はえているの？」

私は、

「もちろんだ。人だってたくさん暮らしているよ」

と答えた。

パキスタンに限らず、海外では広島は意外に有名である。大阪や名古屋を知らなくても、広島は知っている。

女医は多忙であるらしく、「じゃあね」と言ってスタスタ歩いていった。でも、おかげで私は少し元気になった気がして、病院の外でパンとコーラを仕入れて相棒の病室に戻った。1日に二度ほど薬を買いに行かなければならないから、結局私は2晩とも病院に寝泊まりした。私たちの病室には6個のベッドがあり、アーマドさんと相棒の福永、それにもう一人の老人の三人が入院していた。

午後になると、まず看護婦さんが点滴を交換に来た。コレがなかなかすさまじく、交換してカラになった点滴袋はそのまま床に落としていくのである。

次に現れたおじさんは、テーブルをぞうきんで拭きながら、上にあったお菓子の包み紙やらバナナの皮やらをことごとく床に落としていく。どうやら掃除の担当のようだが、それらを拾うことはせずに、窓のサンやベッドのパイプなどをぞうきんで拭いて、おじさんの仕事は終わってしまった。

そうすると最後に現れたおじさんが、ほうきを持って床に落ちたゴミを掃きに来た。注射針がつながったままの点滴袋や、バナナの皮や、お菓子の包み紙やらを、ザック、ザックと廊下に掃き出している。身分制度は掃除の場所まで切り分けているのだろうか。

こんなふうに病院の1日は過ぎていった。言葉は通じないが、アーマドさん一家がニコッとしてくれたり、チャイをくれたりすることだけが救いのように思えた。


福永の症状は2日目の夜になっても一向によくならなかった。その夜、病室で横たわっていたもう一人の老人が、死んだ。

翌日の朝、福永は元気なく私に言った。

「この病院にいてもダメな気がする」

私はさすがに『せっかくキレイな女医と知り合いになれたんだから、もう少しここにいようよ』とも言えず、

「分かった。別の医者に診てもらおう」

と答えた。

担当の医師に退院したい、と言うとなぜか分からないが、

「よろしい」

と言う。廊下で女医に会い、

「今日退院する」

と告げると、彼女は、

「おめでとう」と笑った。

めでたくはないのだけれど……。

私はとりあえず福永をタクシーに乗せ、もとの安宿に運んだ。しかし、暑さが私たちの体からどんどん体力を奪っていくようだったので、エアコン付きのホテルを探すことにした。私たちは、日本の登山隊なども利用する高級ホテル『フラッシュマンズ・ホテル』に移ることにした。

3 無念の一時帰国

フラッシュマンズ・ホテルの責任者は美人だが大柄なこわもての女性だった。高級ホテルだけに、宿泊料は二人で850ルピー（約4500円）である。費用がかさんでいるだけに少しでも安くしたいが、相棒はぐったりしちゃっているから、できるだけ速やかに商

フラッシュマンズ・ホテル

談をまとめたいところだ。私は、

「私たちは日本の旅行雑誌を編集している者である。帰国したら、このホテルがいかに素晴らしいかレポートしたいと思う」

などとテキトーなことを言って750ルピーに値下げしてもらい、自転車を部屋に入れ、福永をベッドに寝かせた。そうしてすぐにレセプションに戻り、前回は「もっとも大きくて、もっとも有名な病院」と尋ねて失敗したことを教訓にして、

「この辺で、もっともエライ医者を呼んでほしい」

と告げた。

エライ医者の見立ては、

『A型肝炎』であったが、1週間程度で回復するだろう、というものであった。

福永はうわごとのように、

『大使館……』

と言った。

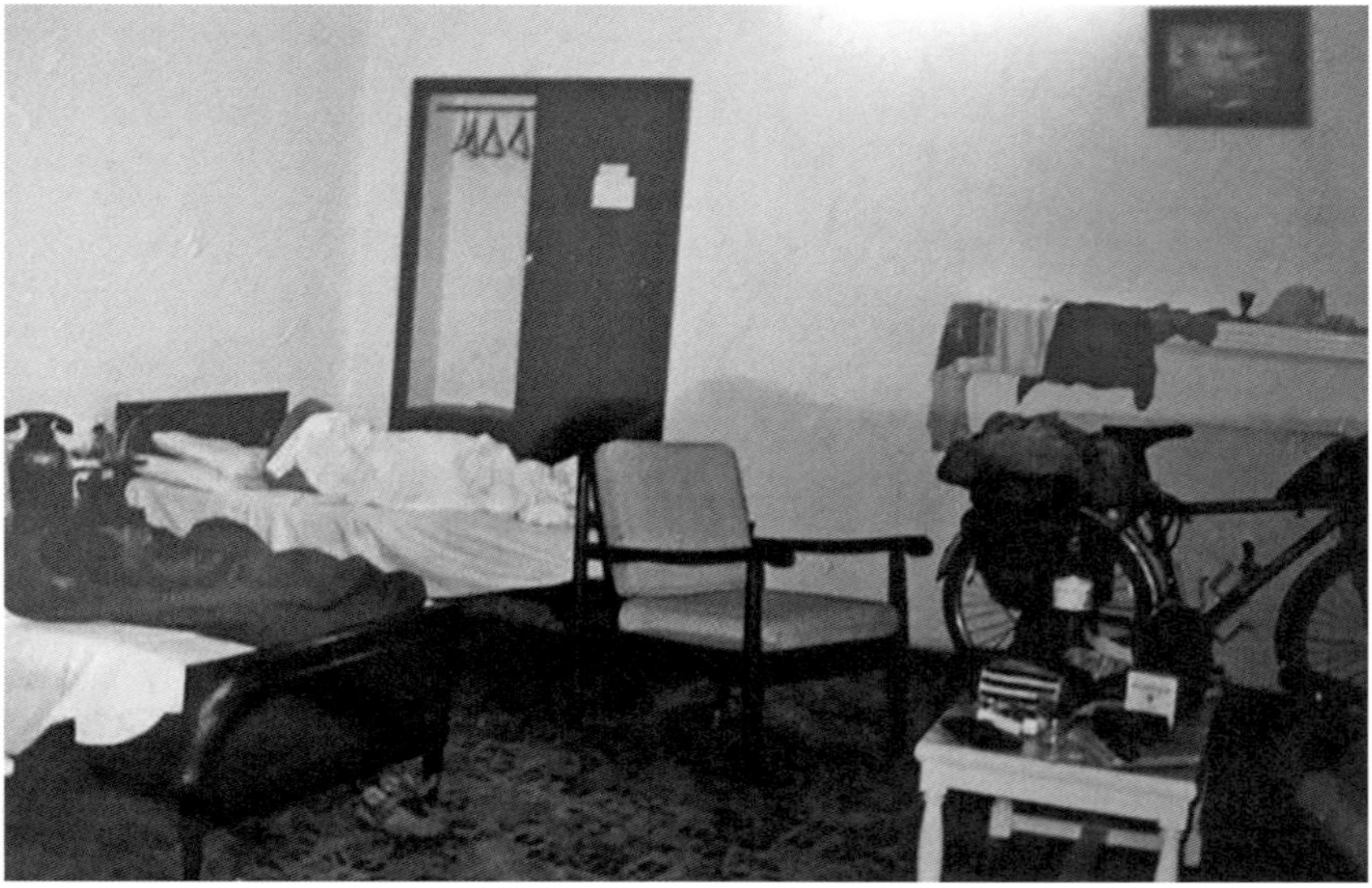

ホテルの室内

この期に及んでこのバカはまだイランのビザの心配をしているのかとも思ったが、考え直した私はイランの大使館ではなく日本の大使館に電話をし、相棒の容体を告げた。大使館員は、

「肝炎なら帰国したほうがいいです。今からなら明後日のパキスタン航空の東京行きが買えるはずです」

と言った。事務的ではあったが、そこに役人特有の優柔不断さは伺えなかった。

むしろ決断できなかったのは私だった。帰国することは考えていなかったからだ。

『エライ医者は1週間で治ると言っておるではないか』

『会社を辞め、派手に壮行会をやってもらったヒーローなのに、3カ月やそこらで帰国などできるものか』

私はそんなことを考えて悶々としながら、はしだのりひことクライマックスの『花嫁』※4をぼそぼそと唄った。

「帰れない、何があっても。心に誓うの」

しばらくたって私は、福永の母上の言葉を思い出した。母上は背が高く、いつも颯爽《さっそう》と歩かれる知

※4 はしだのりひことクライマックスの『花嫁』……1971年。作詞：北山修、作曲：端田宣彦。高校2年の時、ステキな古典の先生が結婚退職する時にクラスみんなで歌ったので歌詞をよく覚えていたのだが、歌詞を読むとこれは駆け落ちの歌である。恩師には誠に失礼だったといまさら悔やまれる。
ちなみに作詞の北山修氏には「戦争を知らない子どもたち」「風」「あの素晴らしい愛をもう一度」「さらば恋人」といった曲もあり、私が敬愛するひとりである。

的なご婦人で、私は一度、

「なんであんな母ちゃんから、おまいみたいなのが出てきたのか分からん」

と相棒に言った記憶がある。

旅立つ前日、私は福永の浦和の実家に泊まった。たぶん当分食べられないであろう刺身や天ぷら、肉料理、みそ汁などたっぷりごちそうになり、お風呂をいただくと、母上は私たちを前に座らせてこう言った。

「撤退する勇気を持ちなさい」

その時には私は、

「おお母上、なかなかうまいこと言うな」

としか思わなかった。


しかし3カ月後パキスタンの地で、この言葉が決断できない私に『帰りなさい』と言っていた。私は福永に、

「日本に帰るよ」

と言った。

相棒は、

「た、の、む」

と言った。

帰国後、東京女子医大病院で、劇症肝炎であり、生存率は20%と言われた。だが、幸い、このガサ

ツでハードな男は周囲の心配をよそにおよそ半年で元の体力を回復し、私たちはこのフラッシュマンズ・ホテルに戻ってくることができた。

あれから30年の時が流れた。

福永は今でも私のことを『命の恩人である』と言う。しかし私は彼に『命の恩人は母上である』と伝えなければならぬと思っている。

私はまず荷物をはずした自転車でパキスタン航空のオフィスに向かい、明後日の東京行き『往復航空券』を買った。この時は3カ月くらいで戻ってこられるだろう、などと考えていたからである。そうして、国際電話で福永の母上に事態を知らせ、便名と成田空港への到着時間を報告した。その後、エライ医者の処方箋を持って薬屋に行き、相棒のためにミネラルウオーターを買い、食欲のない自分のためにマイルドセブン※5を買ってホテルに戻った。

翌日私はホテルのレセプションへ出向き、明日の早朝チェックアウトすることと、自転車と荷物を預かってほしいことを伝えた。

「荷物は何個か？　中身は何か？　危険物はないか？」

と支配人は聞いた。

※5　マイルドセブンは市井で14ルピー（70円）で売られていた。日本国内では２２０円だったので、空港の免税品よりうんと安いと日本人旅行者の間では常識であった。軍用品の横流しではないかと言う者もいたのだが理由は分からない。

「自転車に荷物を付けたままだから、荷物は2個（2台）である」

「中身は衣類、テント、寝袋などである」

「湯を沸かすためのガソリンを100ミリリットル持っている」

支配人はぶつぶつ言っていたようであるが、このとき勧善懲悪的に私の味方になってくれたのがハウスキーパーと呼ばれているおじさん二人組だった。

彼らは英語は少ししか話せなかったが、私と支配人との交渉に私の味方として加勢した。彼らは自分たちの上司に向かって頼んでくれているようだった。

「倉庫に入れとくだけやさかい、言うとおりにしてやんなはれ。ガソリンはもろおといたらよろしいですわ」

私には彼らがこんなことを言っているように聞こえた。

こうして、1週間の保管料を100ルピー、期間は未定、連絡先は日本の私の住所とし、サインをして、ハウスキーパーのおじさんと一緒に2台の自転車を倉庫に運んだ。

私は何度も、

「しゅっくりあ」（ありがとう）

と言い、倉庫の脇でおじさんがくれたチャイを飲みながら三人で一緒にマイルドセブンを吸った。

私は、あすの朝5時にタクシーを呼んでほしいこと、4時に起こしてほしいことをおじさんに頼んだ。おじさんは紙に、

「モーニングコール　4、タクシー　5」

と書いて私にこれでよいか確認した。4という字も5という字も読みづらかったが、間違っていな

かった。私はもう一度、

「しゅっくりあ」

と言った。

翌朝6月21日、3時50分にドアがノックされた。私はすでに起きてシャワーを浴びていたので、部屋の中から返事をした。3時55分には電話が鳴った。電話はおじさんからで、

「もるにん（モーニング）」

と言った。私は少し笑いながら、

「あっさらーむ・あれいくむ」（おはようございます）

と言って電話を切った。

4時になるとおじさんが部屋に訪ねてきて、二人が起きているのを見て満足そうに笑い、何も言わずに出ていった。

5時ちょうどにおじさんは「タクシーが来た」と私たちを呼びに来た。インドやネパールでは、列車もヒトとの約束も時間どおりにコトが運んだことはなかったから、私はほとんど時間の約束をあてにしていなかった。だからこの時のおじさんには至極驚いたし、おじさんの親切が痛いほど伝わってきたのだった。

イスラマバード空港にはマシンガンを携えた軍人が警備にあたり、出国審査では、病人の福永も入念にチェックを受けた。ホテルを出る時から私は彼に黒いビニール袋を持たせ、もよおしたらこれに吐け、と言ってあった。タクシーの中で彼は一度吐いた。

出国の際マシンガン氏が、

「その袋は何か?」

と言うので、私は日本語で、

「げーげ袋だよ」

と言い、袋の中身をマシンガン氏に見せてあげた。

マシンガン氏は肩に掛けたマシンガンの銃身を左手で押さえてわずかに後ずさりをし、右手をのばして横に振りながら、

「早く行け」

と（いうようなことを）言ってくれた。

パキスタン航空機は予想に反して、またも時間どおり離陸した。私は日本人のスチュワーデスさんに、

「友人は肝炎である。急変に備えて乗客に医師がいるか聞いておいてほしい」

と伝え、横になれる席を用意してもらった。機内に日本語で医師がいるかどうかを尋ねるアナウンスが流れ、数分後にスチュワーデスさんが、

「お客さまの中に産婦人科のお医者さんがいらっしゃいますが、お呼びいたしますか？」

と私に尋ねた。私は、

「女医さんだったらお願いしたい」とは言わずに、

「容体に変化が出たら、その時にお願いします」

と彼女に伝えた。

23時30分、私たちは予定どおり成田空港に着陸した。飛行機からは車いすで移動したが、こんな重病人でも入国審査や税関は通常どおりチェックされた。税関では私の身なり※6を不審に思ってか荷

物をすべて開けさせられ、相棒が処方された薬の説明までしなければならなかった。

4 午前0時の成田空港

ようやく成田空港の到着ロビーにたどり着き、私たちは福永の両親と合流した。私はこれまでの症状と医師が残したすべてのメモと処方箋、現在飲んでいる薬を渡した。両親はまず浦和市立病院に運ぶと私に告げ、私は明日の朝、電話しますと伝えた。

3カ月ぶりなのに、母上にも父上にもちゃんとした詫びを言えなかったことを私は悔やんだ。しかし、この時は早く相棒から解放されたいというのが正直な気持ちだった。

彼らがトヨタ・カリブに乗り込み空港から出発するのを見送ると、私は深夜の空港で一人になった。このあと到着する便はなく、ガードマンが数人見回りを始めていた。気がつくと空港ビルは蒸し暑かった。私はどうやって夜を明かそうか思案した。

到着ロビーには何人かの外国人がウロウロしており、イスで横になっている奴もいる。

私はメガネをかけたガードマンに、

「ココで寝てもよいのか?」

と聞いた。ガードマンはいいと言い、空港ビルで夜を明かすなら台帳に名前と住所を書くように

※6 この時、私は相当怪しい格好をしていた。薄汚いTシャツの上に、インドで買ったペラペラの黒いベストを羽織り、パキスタン製のぶかぶかジーンズにアーミーベルトを締め、足元はビーチサンダルというようないでたちだった。

言った。そうして、

「あそこにホテル、見えますねえ。あそこなら歩いて行けますから、一応空室があるかどうか聞いてみてはどうでしょう?」

と私に言った。軟弱な私は固いイスより、柔らかなベッドを選んだ。

3カ月ぶりに帰国した私には、エアポート・レストハウスは驚くほどきれいなホテルに見えた。シワひとつない真っ白なシーツ、少しもホコリをかぶっていない調度品、ゴミ一つない床。テレビでいくつものチャンネルが見られることさえ、ありがたく思えた。

久しぶりに熱いお湯が出るシャワーをバシャバシャ浴び、全裸で大きな鏡の前に立った私は、Tシャツと短パンの印がついたみじめな日焼けあとに初めて気がついた。ちょっとブルーな気分になった私はタバコに火を付け、ふと外の景色を見た。

見事に舗装されたアスファルトに、おびただしい道路標示が記されていることに私は驚いた。横断歩道、停止線、横断歩道を知らせる三角のマーク、安全地帯、そして路側帯……。舗装されていることが珍しかった国から帰ってきた私は、道路にこんなにたくさんの「落書き」がされていることをとても不思議なことに思った。

そして何より私を驚かせたのは、ヒトもクルマもいない深夜の交差点で、律義に歩行者用信号が点滅し、4つの信号機が青から黄へ、そして赤へと変わっていく様子だった。1日に1時間しか電気が来ない国から日本に戻った私には、これはありがたいことなのか、それとも大いなる無駄遣いなのか分からず、実に奇妙な光景に映った。

ホテルのラジオは、モノラルだけれどジャズのチャンネルを備えていたので私はそのボタンを押し、しばらくの間ラジオを聞きながら信号が変わっていくのを繰り返し眺めていた。

対面の信号機が何度目かの赤に変わった時、ラジオではジム・ホールの「ユードゥ・ビー・ソー・ナイス・トゥー・カム・ホーム・トゥー」が流れた。

「帰ってくれたらうれしいわ」※7
そんなことを私に言ってくれる女性は、もう日本にいなかった。

少しウトウトしたのだろう、モーレツに腹が減って目覚めた私はロビーに行ってまず福永の実家に電話をした。母上はいつになく緊張した声で、

「それが、浦和の病院では手に負えないらしく、今から転院することになりました。はっきりしたら連絡します。あなたも疲れているのだから、いったんご実家にお帰りなさい」

と言った。

やれやれ、エライことになったもんだ、と思ったが、ともかく腹が減って仕方がない。ホテルの朝食はビュッフェ式で1500円だったが、空港ビルまで戻っても高いモノしかないし、この日の私は「食べ放題なら元が取れるに違いない」というほど腹が減っていた。

そこで、例の怪しい身なりのまま1階のレストランに乗り込み、他の客の好奇の目にさらされながら、和食の部・洋食の部・菓子パンとデザートの部の3ラウンドに分けて延々と、ガツガツ食べ続けたのだった。

※7 「帰ってくれたらうれしいわ」という邦題は大橋巨泉によるものだが、本人いわく「大いなる誤訳」だそうだ。正しくは「(私が)帰った時にあなたがいたら幸せだ」いう意味である。

第５章

パキスタン再び

Pakistan

1992年２月22日〜３月16日

1パキスタンルピー＝5.12円

1 懲りない二人

周囲の心配をよそに福永は驚異的な回復を見せ、秋には東京女子医大病院を退院した。私は彼の病状が安定したら一人で旅を続けようと考えていた。しかし入院後、なんとか命を取り留めたころに彼を見舞った際、

「待っててくれるか？」

と言うので、相棒が回復するのを待つことにした。それはもちろん厚い友情があったから……ではなくて、フリーターとしてフラフラ生活することが意外にも新鮮だったからである。友人宅に居候しながら私は百貨店の食品売り場で寿司を握るロボットとケンカしたり、学習塾の講師として学習指導要領以外のどうでもイイことを教えたり、長野のスキー場で賄い付きのアルバイトなどをして生活費を稼いだが、旅行費用は少しずつ目減りしていった。

こうして、１９９３年2月、私たちは再びパキスタンの地を踏むことになったのである。

イスラマバードの「フラッシュマンズ・ホテル」には手紙や電話で荷物の無事を確認してあったので、およその出発の時期が決まった段階でお礼と報告をした。そして再度パキスタンとイランのビザを取得し、2月22日、私たちは懲りもせず成田空港からイスラマバードに向かったのだった。

2月のパキスタンは、前回よりかなり涼しく過ごしやすい気候だった。フラッシュマンズ・ホテルでお世話になったハウスキーパーのおじさんと再会した時、私たちは抱き合って喜んだ。相棒は、自転車が無事に保管されていたことにたいそう安堵した様子で、シャルワール・カミースという民族衣装を市場で買ってきてはしゃいでいた。

フラッシュマンズホテルにて

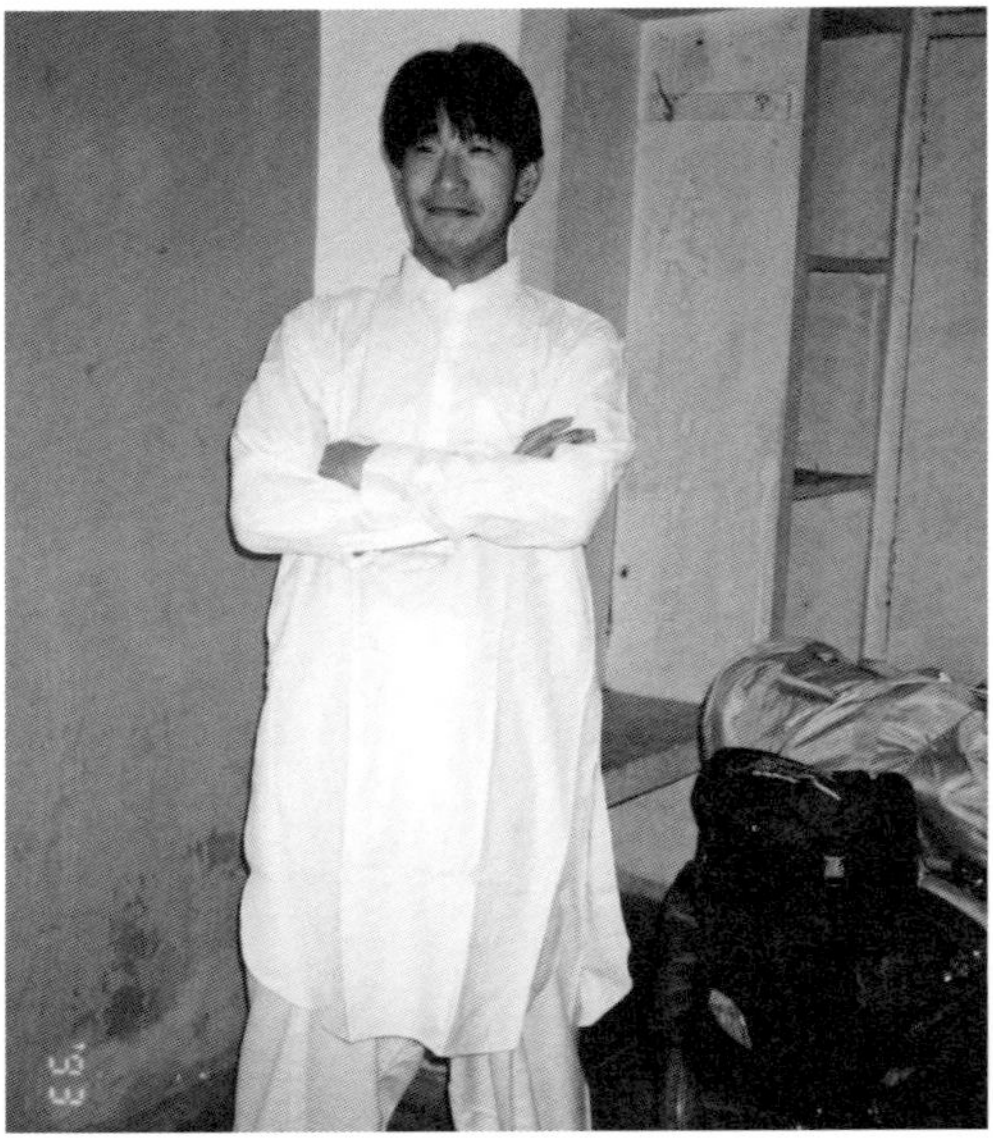

シャルワル・カミース姿ではしゃぐ福永

ちっとも食欲がなかった前回と違い、私たちは初日から町に繰り出して初めてパキスタンの料理を食べた。それは羊の肉や玉ねぎを串に通して炭火で焼いたイスラム教国独特の料理だった。私はインドから始まった旅で、初めてうまいもんに出会った、と思った。

ところが2日後、あろうことかパキスタンはラマダーン（断食）※1月に入った。なんという無計画、なんという無知。

しかし、幸いフラッシュマンズ・ホテルのレストランには、

『イスラム教徒以外はいいよ』

と書かれた張り紙が出ていたので、ラマダーンの初日、それがどういうものか、どれほどの事態なのかが分かっていない私たちはこの高級ホテルのレストランで、たいそう高価な食事をした。その後、旅人は断食を免除されるために駅の食堂が開いていることを知った私たちは、駅や部屋の中で昼食をとった。

1日の断食が明ける時間になると、それまでのけたたましい騒音が嘘のように静まり返り、町中から音が消え

ホテルのレストランには「イスラム教徒以外はどうぞ」と貼られていた。

ラワールピンディ市内

た。食堂の人も、売店の人も、客がいるのにどこかにいなくなってしまうのだ。人々は路肩に腰掛け、あらゆる活動を中断してむさぼるように食べている。荷台の果物には布が掛けられ、車は路上に放置され、夕方のラワールピンディーは町中の時間が止まってしまったかのように不思議な静寂に包まれていた。

2 タキシラ遺跡について

この後のルートについて私たちは外国人観光客の誘拐事件が多発しているシンド州は避け、列車でバロチスタン州クエッタまで行くことにした。クエッタからイランまでは人のほとんど住まない砂漠地帯である。アフガニスタン国境に近く、危険がないという訳ではないが、シンド州に比べたら格段に良いであろうと相談して決め

※1 ラマダーン（断食）……イスラム教徒は日の出から日の入りまで、水も食物も口にしてはならない期間。異教徒や旅人は免除されるが、とくに昼食時には白い目で見られることが分かっているからけっこう気を使うのである。この間、騒々しかったラワールピンディーはいくらか静寂になった。

た。二人とも気力体力とも充実しているから、今回は言い争いもなかった。

ところで、ラワールピンディ滞在中に自転車の予行演習でもしておこう、ということになり、私たちは町から30キロくらいの所にあるという「タキシラ遺跡」を訪ねた。ここは有名な世界遺産であるが、当時はそんなこと知らないから自転車でひょいと出かけた遠足程度のつもりだった。おお、2つ目の無知。

今から考えると世界遺産のわりにはずいぶん荒れ果てた石ころだらけの場所だったように記憶している。ただ私は初めて胡椒の木を見て、その芳しい香りにえらく驚いた。それは食卓で知っているハウスやSBやギャバンよりたいそう香ばしく、豊かで強い香りだった。

社会の授業で、
「ヴェネチアやコンスタンチノーブルは胡椒の交易で大いに栄えました」

タキシラ遺跡に向かう

「一握りの胡椒は、同じ重さの黄金と引き換えにされました」

などと言われても、私は『コショーがなくても困らないのに、なぜそんなに価値があるのだろう?』と思っていた。もちろん保存料としても使われたらしいが、本当に胡椒の木の下に立ってみると、その香りがいかに人間を虜にするモノなのかよく分かった気がした。私はしばらく胡椒の木の下で鼻をクンクンさせていた。

すると立派なひげの老人が英語で話しかけてきた。

派手なバスはパキスタンの名物だ

クエッタの市場にて

「日本人か?」

私はそうだ、と言い「コンニチワ」とあいさつした。老人はしばし一方的に、アトミック・ボムの恐ろしさを語り、日本は犠牲者であると嘆き、アメリカの悪口を言った。そうして、

「日本は二度と軍事大国の道を歩んではならぬ」

と言った。私は、

「日本政府は軍事費をGNPの1パーセントに抑えているから心配はいらないよ」

と言った。

すると老人は少しキツイ口調で「NO!」と言い、私にこう尋ねたのだった。

「キミの国のGNPはいくらかね? この国の何倍かね?」

私は返答に詰まり、「知らない」と答え、苦笑いをした。おお、3つ目の無知。

老人は胡椒の木の下で最後にこう言って、やさしそうに微笑んで立ち去っていった。

「日本は世界有数の軍事大国だ

列車でクエッタに向かった

よ。戦争はよくないよ」

当時、日本のGNPは4兆ドルを超え、パキスタンの実に200倍の規模であり、軍事費はアメリカ、フランスに次いで世界第3位の超軍事大国であった。人件費高いからしょうがないか?とも思うけど……。

3 バロチスタン州の半砂漠地帯

そうして私たちはいよいよクエッタからイラン国境まで約800キロ、バロチスタン州の半砂漠地帯に乗り出したのである。


クエッタからイラン国境までの行程が、たぶんこの旅で最も過酷になるだろうと思っていた区間である。ただでさえ物騒なパキスタンで、水も思うように手に入らない半砂漠地帯を乗り越えられるのかと不安要素にはキリがないが、私は、

「まあ、困ったらトラックにでも乗せてもらえばいいんじゃね」くらいに考えていた。

ただ、ほんの少しだけ「死ぬならこの区間かなあ」と思っていたので、両親をはじめ友人・知人にたいそうな数の絵葉書を出した。

これから砂漠地帯に出撃すること、そこで感じたことを音楽になぞらえて伝えるつもりであること、もし手紙をくれるなら、イスタンブールのアメリカン・エキスプレスのオフィスで預かってくれることなどを絵葉書にびっちり書いた。そうして恋人への手紙には最後に、もしかしたらもう会えな

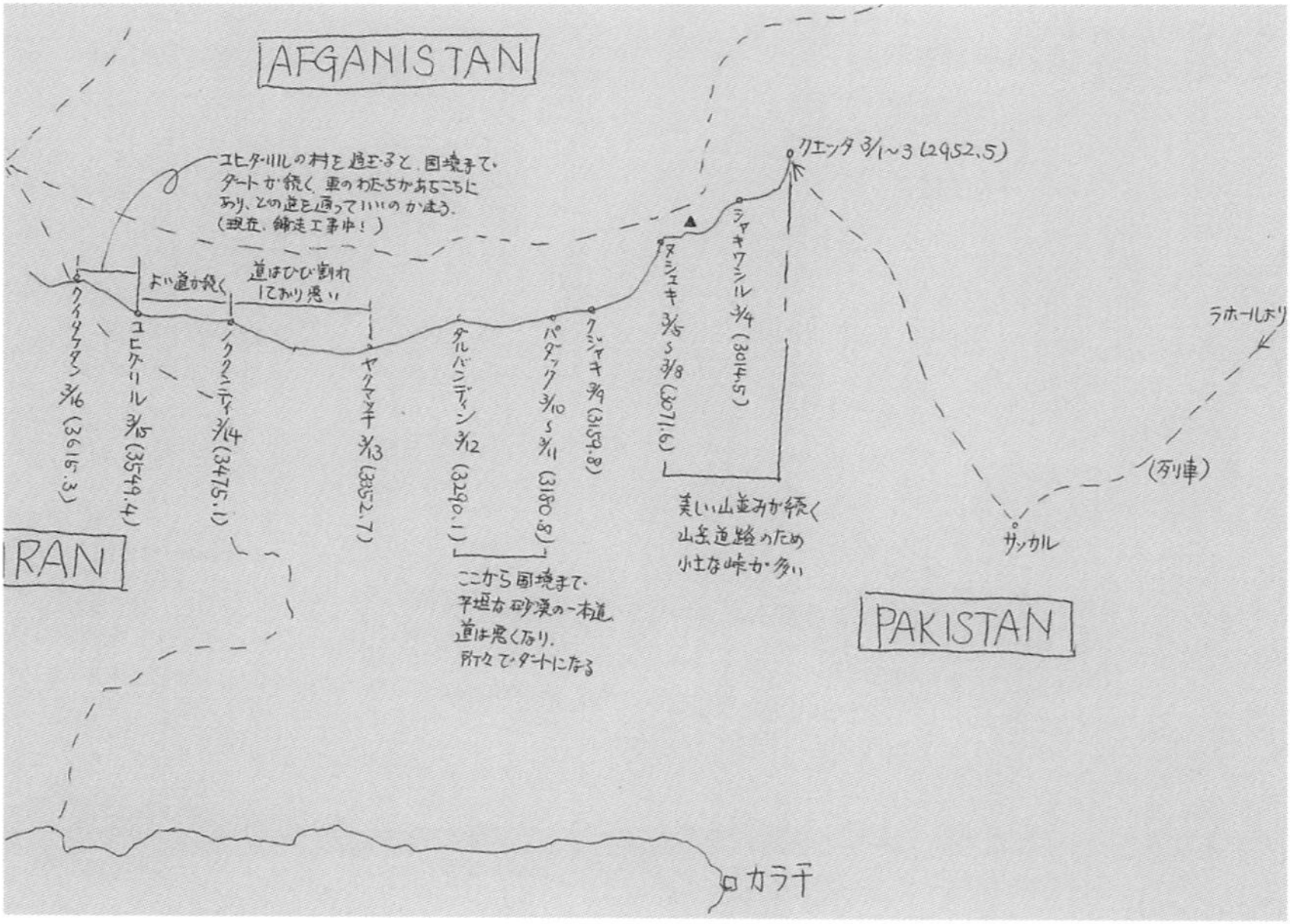

パキスタン地図（福永の手書き）

バロチスタンの砂漠にて私

羊飼いの人々

クエッタから半砂漠地帯を進む

いかもしれないことをわざとらしく付け加えた。

およそ８００キロの行程は、人がほとんど住まず、ラクダが道を横切り、たまに大型トラックやダットサンが砂ぼこりをあげて駆け抜け、あるときには砂嵐に襲われる砂漠の中の一本道だった。あれから30年、便利なネット社会ではグーグルマップなるモノを用いて、この間の詳細な地図と航空写真を見ることができる。クエッタからイラン国境に伸びるＮ40号線（またはＡＨ02線）と記された道が私たちのルートである。

私はその日の宿がありそうなオアシスにたどり着くたびに「ああ、今日も生きてたぞ」と思い、よく食べ、よく眠った。夕日が当たり、遠くの山々が金色に輝くのを見ては、この道がイスタンブールへ、果てはヨーロッパへと続いていることを想像しては、ひとり感慨に浸ってたそがれていた。

そうしてまた、この一本道から分かれた先に

こんな小屋があるたびに休憩した。誰が何のためにこしらえたのだろう。

も、何らかの村があることを知らせる標識を見ては、「世の中を知るということは、かくも無限のことなのか」と思い知らされて、この旅で早々に起きた三つの無知に言い訳をするのであった。

滞在する村では、日記の代わりに恋人に向けた手紙の下書きをした。手紙はできるだけ、音楽の勉強をしていた彼女の気を引くように、知っている音楽に無理やりなぞらえながら書いたものだ。

◇3月5日・中央アジアの草原にて

「クエッタを出て3日目、ヌシュキという村の『ガバメント・レストハウス』という快適な宿に泊まっています。1泊100円程度で、もちろんシャワーもベッドもあります。

今日はココを出発してしばらく進んだ時、西からやって来た自転車の日本人に会いました。まさかこんな所で、日本人の、それも自転車乗りに会うとは思っていなかったので、私たちは一瞬わが目を疑うほど驚きました。見渡す限り何もない中

ヌシュキの『ガバメント・レストハウス』の夕食。チキンカレーとライスとチャパティ。

石造りの廃墟で夜を明かした

央アジアの平原で、遠くからやって来るモノがあり、それが自転車で、日本人らしいことが分かった私たちは、自転車をこぎながら、

『にほんじんですかあああ？　げんきですかああああ？』

と声を上げ、急ブレーキをかけて止まりました。勢いがありすぎて、お互い5メートルくらい通り過ぎてしまいましたから、彼も私たちもUターンして、改めてあいさつをしました。そうして私たち三人は今朝出発したヌシュキの村にもう一度戻り、一緒に一晩過ごすことにしたわけです。

彼は27歳、ポルトガルから旅を始めて東に向かいます。私たちはアホですから偏西風に逆らって西に向かいます。こんなわれわれが中央アジアの、何もない砂漠で会うことにまったくもって驚いています。

ボロディンの『中央アジアの草原にて』は、西から来る隊商と東から来る隊商がこの中央アジアで交わり、やがてどちらも過ぎ去っていく情景を表した曲だと聞きました。ロシア民謡の旋律に東洋的な旋律が重なり合って不思議なハーモニーとなり、やがて遠くに消えていきます。今日、東から来た私は西から来た彼と会い、互いが持っている情報を交換し、それぞれの苦労をたたえ合いながら、こうしておかしな一晩を過ごすことをこの曲に重ねて楽しんでいます」

◇3月某日・だったん人の踊り

「今日は夕方4時ごろになって、10軒ほどの家が並ぶ小さな集落に着きました。地図上ではこの先を進んでも水が手に入りそうな村はないので、今日はここに泊まろうとしましたが、ホテルはありません。村人に身ぶり、手ぶりで寝る場所を聞いたところ、五人ほどの男たちが相談して、私たちをここに連れて来てくれました。

ここは一つしかない村の学校の、ひとつしかない教室です。まっすぐには書けないでこぼこの黒板もチョークもあります。今夜はこの教室の床で寝袋にくるまって休むことにしました。

ところで、男たちが私たちをここに連れて来てくれてしばらくすると、いろんなモノを携え

毎日こんな風景が続いた

た人たちが、大人もこどもも続々と教室にやって来て、私たちの前に食べモノを出してくれました。でも彼らはそこから去ることはなく、私たち二人の前に弧を描くように座り、太鼓をたたき、歌を歌い始めました。彼らは村をあげて私たちを歓迎してくれていたのです。

今から考えると、私たちは大いに感謝しなければいけないところであったろうと思いますが、その時は正直なところ、早く帰ってほしい気持ちでいっぱいでした。私は仏頂面で迷惑そうな表情をしていましたが、こういうとき、相棒は疲れていてもニコニコ対応できるたいした男です。

さて、同じボロディンの歌劇の中に『だったん人の踊り』というヘンな名前の曲がありますね。今日、私は見渡す限り何もないこの中央アジアで、村人たちのヘンな歌を聞きながらこのヘンな名前の曲を思い出していました。村人の歌は『だったん人の踊り』のように美しいモノではありませんでしたが……。

ここは砂漠ですが、夜はとても冷え込みます。寒くて仕方ないので、その辺の木のクズを拾ってきて燃やしてみましたが、教室中が煙だらけで息苦しくなってしまいました。

あきらめてたくさん着こんで寝ることにします」

800キロの間には、ヌシュキ、ダルバンディン、ノークンディ、クイタフタンというオアシスの村があったが、日が暮れるまでにオアシスにたどり着けないこともあった。そんな時はその間にあるガソリンスタンドに泊めてもらったり、小さな廃墟を見つけてはその中に勝手に泊まったりした。一度は水がなくなってしまい、通りがかりのトレーラーの運転手さんから分けてもらったりしたこともある。

◇3月某日・ツィゴイネル・ワイゼン

「道中で羊飼いの子に会いました。小学校中学年といったところでしょうか、棒っきれだけを持ち、この大平原でたった一人で何頭もの羊を連れていました。どこから来たのか、どこへ行くのかは分かりません。

相棒がカメラを向けると怖い顔でこちらを睨んでいるように私には見えました。ツィゴイネル・ワイゼンはヨーロッパのジプシーを描いたものですが、あの恨みのこもったような曲の始まりはこの少年の見せた怖い顔にぴったりでした。

しかし、オアシスの村々で出会う人々はみな優しく、親切です。昨日は村で食料を買おうと、１軒の小さな雑貨店に寄りました。私たちはそこで、あるご

羊飼いの少年

雑貨屋

ちそうを手に入れたのです。パインの缶詰です。へこんだ缶に入っていて、いつ作られたものかも分かりませんでしたが、お昼ごろ休憩の時に、手持ちの缶切りで缶を開け、二人で分け合って食べました。砂漠の真ん中で、のどが渇いた私たちにはこの上ないごちそうでした」

◇3月某日・シルクロードのテーマ

「私たちの前をラクダが何頭も横切っていきました。はじめ私たちは二人とも、群れになって襲いかかってきたらどうしようかと身構えました。隠れる所は何もありませんから、もし追いかけてきたら自転車をこいで逃げるしかありません。

砂漠の一本道でラクダに追いかけられる私の姿を想像してみてください。それはかなりマヌケな画になると思うのですが、逃げる方にとっては砂嵐よりも深刻です。

しかし彼らは私たちのことなど目に入らないかのごとく悠然と歩いていくので、夢中になって写

ラクダの写真

真を撮りました。写真を撮りながら、私は自分がここにいるのがひどく場違いなことのように思えてきました。ここはラクダやヒツジや、ごく限られた人々だけが暮らす場所であって、私たちみたいな者がのこのこやって来てはいけない場所なのではないか？

ラクダたちもまるで『おまいら、なんだい？』という程度の無視の仕方をするものだから、余計にそう思われて仕方がありませんでした」

このあとの旅でヨーロッパに滞在するうち、私はこの時と似たような感覚を二度覚えたことがあった。一度目はローマのシスティーナ礼拝堂で、二度目はパリのサント・シャペルというステンドグラスで名高い教会で。

ローマでは、私が使うことのできる昼食代の何回か分の費用をかけてチケットを買い求め、バチカン美術館の列に並んだ。長い回廊に飾られている退屈な宗教画を適当に見ながら、西洋人ばかりの人込みをかき分けて進んだ最終地点がシスティーナ礼拝堂である。

システィーナ礼拝堂は想像したより小さな空間だったが、

ヤクマッキにて。夕日の方角にはイスタンブール。

一面に描かれた絵は私を圧倒した。だが私が驚いたのは、それまで陽気だった観光客がひざまずき、十字を切るクリスチャンの姿だった。私には祈る神がいないのだ。ミケランジェロに「あなたはそこにいてはいけないよ」と言われている気がしたのだった。

パリのサント・シャペル※2では、アマチュアの弦楽四重奏団を聞きに出かけた。ヴィヴァルディの四季が終わった後、コンサートマスターがアンコールの曲を告げたとたんに、周りの聴衆が「おお」とため息をついて胸の前で小さく十字を切る姿を目にした。コンサートマスターはアンコールの曲を「ウー、ヴー」と告げたのだが、それが「アヴェ・マリア」を指すのだということは私には演奏が始まらないと分からなかった。教会の残響音の中で聞くシューベルトのアヴェ・マリアはこれまで聞いた音楽の中で最も美しいと思いながら、私は苦しいほどの孤独と疎外感を感じた。その場所で、おそらく私だけが異教徒だった。

旅で出会った何人かから、「君の神はだれか?」と聞かれたことがあったが、そのたび私は「ブディストである」と答えていた。「無宗教だ」などと答えると面倒なことになるし、仏教徒は他の宗教との問題が少ないことを知っていたからである。だが、無宗教であり、特定の神を持たない私には、神を信じる人々を理解することができないのではないかと思った。

ヨーロッパで味わった疎外感と同じように、ラクダたちを前にした夜、私は自分がこの砂漠に暮らす生き物たちとは相いれない存在なのではないかと考えていた。私は単なる無責任な旅人なのだと。

◇3月某日・シルクロード

「今夜は夕方激しい砂嵐に出くわし（砂嵐なんて初めてだから、それが激しいモノかどうか分かりませんが)、それ以上進めなくなってしまいました。

みるみる空が暗くなったかと思うと急に冷たい風が吹き始め、ものの30分くらいで台風のような激しい風が砂を巻き上げて流れていきます。幸い、進行方向に小さな建物がありましたので私らはそこへ逃げ込むことができました。その後、辺りは夕闇のような暗さになり、何秒かでも外にはいられない嵐になりました。

そこで今日は、この石造りの廃墟のような所に泊まります。寒いので、相棒と二人で火にあたって明日の行程の相談をしながら、思えばずいぶん遠くに来たものだとつくづく思いました。むかしむかしラクダに乗って移動した人々と同じように、ゆっくりとしか進めない自転車の旅にも喜多郎の『シルクロードのテーマ』という曲が一番合っているなあ、などと思っています」

こうして私たちは、ほぼ砂漠が続く800キロの道のり

砂漠で出会ったおじさん

※2 サント・シャペル:シテ島にある教会で、「聖なる礼拝堂」の意。近年ではネットでもコンサートのチケットを入手できるようになったが、残念ながら観光客が聴衆の大半を占めるようになり、二度目と三度目に訪れた私は当時の感覚を覚えることはなかった。ちなみに二度目の同行者から「どこへ行っていたのか?」と問われて「ヴィヴァルディとプッチーニである」と答えたところ、「ほー、サッカーですか」と言われたことがある。センスに富む迷言である。

を、ヌシュキでの宿泊以来は風呂にも入らずシャワーも浴びずに12日間で走り終えたのだった。

パキスタンからイランに向かう最後の数十キロは舗装が途切れ、何本かに分かれるトラックの轍《わだち》を選んで進んだ。どの轍を進むべきかで迷うこともあったが、どうやらどの轍も結局はまた合流することに気づいたのは、ずいぶん走った後のことである。

余談だが、こうした経験が、

「どの道を行っても同じじゃね?」

という達観を生み、ひいては人生の岐路においても、一つの道に粘着しない私の華麗なる転身に拍車をかけているに違いない……

と、家人に話してみたところ、

「それはあんたの飽きっぽい性格が原因であって、旅の経験とはなんら関係がないのではないか?」

とのことであった。なるほど、多様な見方が

クイタフタンの町

あるものである。

パキスタン側の国境の村は、クイタフタンという。オアシスでも何でもないような場所に、平屋建ての難民施設みたいな建物が固まって立っている奇妙な村である。しかし国境である高い塀の向こうでは、イランの国旗が翻り、テレビで見慣れたあのホメイニ師が右手をあげている建物の壁画が私たちを歓迎していたのだった。

ホメイニ師が迎えるイランとの国境

ホメイニ師は、アメリカの言いなりだったパーレビ皇帝を国外に追放したイラン革命の指導者であり、国家元首であった（１９８９年没）。私たちの旅は１９９３年だからまだその影響力は強く、私たちは町で手に入れたホメイニ師のブロマイドを自分たちのパスポートにはさみ、これを見せびらかすことで数々の難局を乗り切ったのである。（こういう姑息な戦法を思いつくのはたいてい相棒である。）

第６章

イランにて

Iran

1993年３月17日～４月16日

1イラン・リヤルは約0.09円

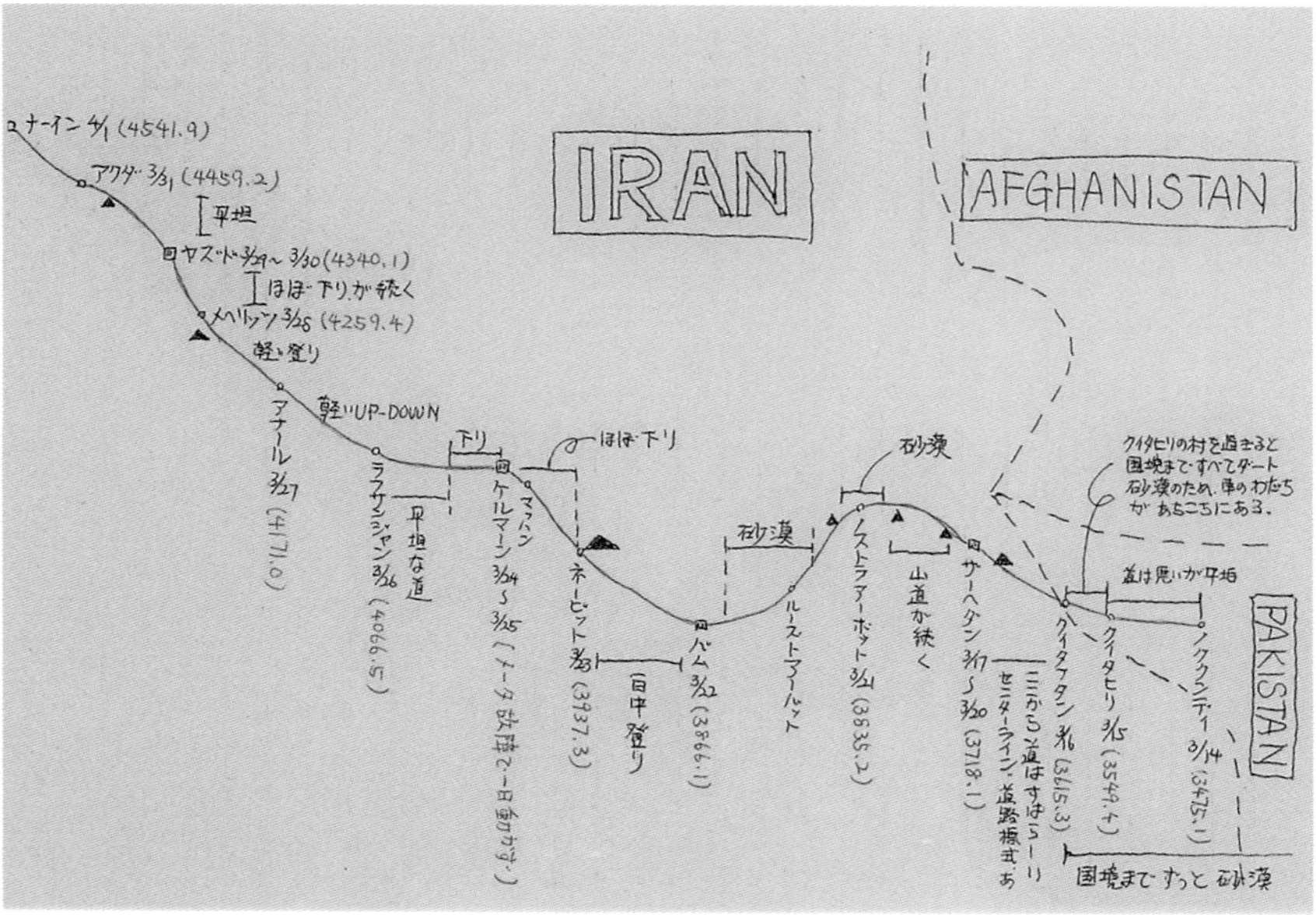

イランの行程図（福永の手書き）

1 パキスタンからイランに入る

3月17日、多くの思い出を携えてパキスタンを出国した。

実はイランで私がつけていた日記は転居を繰り返すうちに紛失してしまった。私は旅の間、日本人観光客の方に日記と写真のフィルムを預け、帰国したら実家に送ってもらうようにお願いしていた。イランの日記はトルコのカッパドキアで出会った日本人夫妻に託し、実家に届いたはずなのに日記だけがどこかに行ってしまったのだ。そんなワケでイランでの日々は福永の手記を頼りに進めていく。

今回イランのビザはパキスタンに戻る前、東京にあるイラン大使館で1カ月滞在の観光ビザを取得していた。3カ月滞在の申請をしたが、1カ月滞在ビザしか取ることができなかったのは残念だが、それでも

1カ月間の入国ビザが取れたのは幸いだ。

イランへの入国はさぞかし厄介だろうと思っていたわりには、あっさり入れてもらえて（門を通過するだけ）、私たちはその日の目的地・ザーヘダンを目指して走り始めた。イランからは自転車も含めて車は右側通行になり、道路の美しい舗装状況や白いガードレールにオイルマネーの香りを感じたり、標識のアラビア文字を見て再びブルーになったりしながら自転車をこいだ。

言葉と文字は似て非なるもののようだ。パキスタンではウルドゥー語、イランではペルシャ語。

文字を見ている限り、同じようにミミズのはったようなニョロニョロ文字に見えるのだが、発音も全く違うらしい。

宗教は同じイスラム教であるが、宗派が違う。パキスタンはスンニ派でイランはシーア派と、違いはあるが何が違うのかはよく分か

イランに入ると道路が整備されていた

らない。むしろイランに入国してまず真っ先に違いを感じたことは、インフラ整備など経済力の差である。パキスタン側では電気も水道もなく、道路は未舗装も多いから町中は砂埃が舞い上がり煙っている。

それに対してイランに入国し、税関の建物を出ると、そこからは世界が一変した。

センターライン入りの舗装された道路が砂漠に伸び、道路脇には街灯が整然と立ち並んでいたのだった。

町に入ると、横断歩道やマンホール、ゴミ収集車、メガネ屋さん、それにミッキーマウスのぬいぐるみ……。この国には私たちが見慣れた物が並んでいることに、逆に驚いた。

ついこの間までイラクとけんかしていたイランの沿道にはいくつも軍の監視施設があり、私たちは毎回イラン軍の兵士に止められたが、それらは常に友好的で興味本位の制止であった。

軍の監視施設だろうか

私たちが日本人だと知ると、彼らは、

「おしん、おしん」

と言って喜び、チャイをくれたり写真をせがまれたりした。NHKの連続テレビドラマ「おしん」[※1]はパキスタンにいる時にテレビで見て驚いたが、イランでも異様な人気ぶりであることを知った。

2 ザーヘダン拉致事件

その日の目的地・ザーヘダンは大きな町だった。この町で私たちは「BAHAR HOTEL」というホテルに泊まることにした。最初30US$と高額な値段を告げられたが、値切ると22US$でよいという。イラン人と外国人では価格差をつけているようで、イラン人に比べて3倍の価格との説明だった。この後イランで泊まったホテル代の相場は、だいたい二人部屋で500円~800円くらいだった。

兵士たち

※1『おしん』1983年（昭和58年）4月4日から1984年（昭和59年）3月31日まで放送されていたNHK連続テレビ小説（あさドラ）である。パキスタンの病院で相棒が唸っている時に当地で放送されていることを発見した。番組が始まるとまず画面に日本語で「映画の連続。おしん」と出る。私は少女期のおしんが、ずーずー弁ではなく「エクスキューズ・ミー」と英語を話すのをとても奇異に眺めていた。

およそ10日間風呂にも入っていないし物資の買い出しも必要なので、私たちはこの高級ホテルにしばらく滞在することにしたが、実はこの町では事件があった。

滞在2日目、私たちがノーテンキに町をふらついていると、相棒の福永がイラン軍の兵士二人に暴力的に拉致され、軍用トラックで連行された。まるで戦時中の特攻警察がスパイを拘束するかのような荒業だったが、兵士たちのターゲットはなぜか福永一人だけであり、「アッと驚く為五郎」※2な私は「お呼びでない」※3感じであったが「こりゃまた失礼いたしました」※3というワケにもいかぬので、ともかく一緒にトラックに乗せてもらい、軍の建物に連れて行かれた。


福永は手に持っていた荷物を全部開けられたようだったが、私はわりあい友好的に接してもらい、恐怖は感じなかった。取り調べは相棒に対してだけ行われたため、私はその始終を知らなかった。後の彼の手記によればこうだ。


「持っている物は全て取り上げられ、地面に置いていくのだが、財布の中のお札も、一枚一枚全て取り出し、トラベラーズチェックと合わせて50枚以上を足元に並べている。

眩しい太陽に照らされ、壁の前に立ち身体検査を受けている時は、緊張して顔がこわばっていたであろう。

その後、荷物は返され、今度は尋問部屋に連れていかれた。

小さな部屋の中には、窓が一つ……そしてテーブルとイスがあるだけ。

テーブルの前に座らせられると、少々偉そうな係官が座った。

しばしの沈黙を破って何か質問らしき言葉をかけられたが、何を言っているのか全く分からない……

なんだか刑事ドラマか映画でよく目にする雰囲気だが、質問はすべてペルシャ語なので、何を言っているのかチンプンカンプンだ。

まったく理解不能だ……

『かつ丼でも食うか？』

と言っているはずもなく……

しかし、分からないと言って、黙っている訳にもいかない。

何か言わなければ……

善良なる旅行者であることを伝えなければ……

ジャパン！　ジャパン！　ツーリスト！

BAHAR HOTELにて。お嬢さんに「写真を撮ってもよいか？」と英語で尋ねると、すんなりOKがもらえて驚いた。そして黒いスカーフも柄の入った物に取り代えてポーズまでとってくれたのだった。

※2「アッと驚く為吾郎」１９６９年。クレイジー・キャッツ。作詞：川野洋、作曲：宮川泰。また、「巨泉・前武のゲバゲバ90分」に登場していたハナ肇のギャグ。巨泉、前武、ハナ肇についても注釈を要すると思うが誌面に限りがあるのでググられたい。

※3「お呼びでない」「こりゃまた失礼いたしました」１９６１年から１９７２年、および１９７６年から１９７７年まで２期にわたって放送された「シャボン玉ホリデー」での植木等のギャグ。

と満面の笑顔で身ぶり手ぶり。

なんで英語を話せる人間がいないんだ〜？

警察なのか、軍なのかよく分からないけど、外国人を意味もなく捕まえるのだから、せめて英語ぐらい話せる奴がいてほしい。

しかし……

最初は緊張していたが、身ぶり手ぶり必死で旅行者をアピールしていたら、相手も徐々に笑顔が出てきた。

こんなやり取りが1時間ぐらい続いただろうか、こいつらにはもう用がない、という感じで釈放された」


そのうち私はこの施設のエライ人の部屋に通されたが、エライ人も英語は分からないらしく、私のパスポートを逆さまにして眺めていた。一方で入国まもない私も、まだ片言のペルシャ語さえ知らなかった。

この時、われわれの共通の単語は『おしん』の一語であった。しかしこの一語をもってわれわれ2国間はおよそ1時間をかけて、互いが敵対関係にないことを察し、友好関係を築き、そしてついには無罪放免と相成ったのである。

外交は軍事によらず、文化によるべきである。

開放された後、私たちはなぜこうなったのかを話し合ってみた。

「おまいがビール買おうとしたからじゃね？」（禁酒国です）

とか、

「おまいがベール越しに女のひとをジロジロ見るからじゃね？」

とかが仮説として挙がったが、最も有力な説は福永が着ていた服が原因だ、というものである。

相棒がこのとき着ていたウインドブレーカーの背には、この国の国家権力が最も嫌いな「U・S・A」の3文字が、これ見よがしにプリントされていたのだった。

ただ、言い添えておくと、国家権力が嫌うものと民衆が嫌うものはイコールではない。私たちはイランの家庭で、人々がアメリカ映画のビデオや雑誌を楽しんでいるのを少なからず目にした。また、ホメイニ氏のブロマイドを見て、快く思わない人々にも何人か会ったことがある。

3 闇両替とペルシャ語「かむかむ」

BAHAR HOTELの周辺は多くの商店が立ち並ぶ賑やかな繁華街だった。イラン・リヤルの現金が必要なので両替をしておこうと、私たちは大きな銀行に向かった。イランではアメックスのトラベラーズチェックは使えない、と聞いていたのでアメリカ・ドルの現金を

イランの人々

持って2階のカウンターで「チェンジ！　チェンジ！」と声をかけたが、言葉が通じない。

「誰か英語が話せる奴はいないのか？」

と騒いでいると、少々話せる人が出てきて、

「両替は時間がかかるから、隣の金細工店で両替してもらえ！」

と追い出されてしまった。

なるほど銀行の隣には、金の指輪やネックレスを売る金細工店があって、１００ドル札を見せるとすぐに両替してくれた。イランではこの後も銀行へ行くと両替商を紹介された。思うにアメリカと仲たがいをしているイランでは、アメリカ・ドルへの両替は闇金融、というワケなのだろう。


ザーヘダンの町には4日滞在したのち出発した。数日は乾燥した山並みと砂漠が続き、多くの検問を通過した。

この近辺は標高が１０００メートル以上ある高原地帯だ。夏は50℃にもなるらしいが、今はまだ3月中旬なので夜は非常に寒い。ホテルもないような小さな村では、よく民家に泊めてもらった。ある日、民家のガレージに泊めてもらった時は、わざわざそのガレージにストーブを用意して、しかも食事まで出してくれたこともあった。

このように多くの人にお世話になっても、言葉が全く通じないのが心苦しい。

彼らは私たちがどこから来たのか興味深く話しかけてくるのだが、返答することもできず、そしてお礼を言うこともできないのだ。

そこで、若干でも英語を話すことができる人を捕まえて、ペルシャ語を教えてもらい、必要な言葉

はノートに記して覚えるよう心がけた。

便利なフレーズは「分かりません」＝「ねみどぅなん」という言葉で、この「分かりません」はどこの国へ行っても、その国の言葉を覚えておけば役に立った。

皆から「＊・○▽×……@＊：#……?・?・」と聞かれるのだが、

「ねみどぅなん！！」

と答えれば、大体は「ペルシャ語は分からないんだ……」と理解してくれるから、とりあえずは畳みかけるような質問はやむ。

もうひとつ便利なのは、「ちょっと・ちょっと」「少々」という言葉だ。

「ペルシャ語はできるのか?」とか「空手はできるの?」などの質問に対しても使えるし、チャイを飲む時に「砂糖はちょっとね!」、買い物で価格交渉の時「お金ちょっとね！（安くしてね）」とも使える。

ウルドゥー語では「とらとら」、ペルシャ語では「かむかむ」、トルコ語では「あずあず」、という。

だが、こんなことを繰り返していると、案外会話も成り立つもので、1カ月近くもすると、

「おい！　この日本人ペルシャ語を話すぞ！」

などと言って人が集まってくるようになってきた。とはいえインドで経験したように取り囲まれてジロジロ見られる、というワケではなく、たいていは私たちの役に立とうと力を貸してくれた。

4 廃墟で一夜を明かす

さて、ザーヘダンからしばらくは荒涼とした大地が続き、道路の良さを除けばパキスタンの砂漠地帯とあまり変わらない道中が続いた。

ある日、地図上であてにしていた地点に町がなく、私たちは仕方なく廃墟と化した石造りの建物に泊まった。軍事用の施設なのか、倉庫なのか、中はがらんどうで、床はコンクリートで固められていた。ただ、ここで一夜を明かすには水が足りない。私たちは通過するトラックに手を振って、水を分けてもらうことにした。

幸い1台目のトラックが私たちに気づいて止まってくれた。

「水を分けてくれないか、ウオーター・プリーズ」

と言ってボトルを差し出すと、ドライバーは我が意を得たりとばかりに後部座席に積まれたタンクから快く給水してくれた。互いに言葉は

廃墟で夜を明かした

トラックドライバーに水を分けてもらうこともあった

通じず、トラックがどこから来て、どこに向かうのか、ドライバーがどこの国の人かは知る術がなかったが、私には彼が「困ったときはお互いさまさ」とでも言っているように聞こえたのだった。

廃墟は日が落ちると急に冷え込んだ。私たちはガソリン式の携帯コンロで湯を沸かし、手持ちのインスタントラーメンと、3日前に食べ残したチャパティ※4を夕食にして暖をとった。ラーメンは少しゆですぎて麺がふやけてしまったが、冷たくて硬くなったチャパティとよく合って旨かった。他にすることもないので、早々にできるだけたくさんの衣類を着こんで寝袋にくるまり、ちまちまと日記を書いた。辺りは物音を探さなければならないほどに静かだったが、時折、ヒューという風の音だけが聞こえてきた。

国境の街・ザーヘダンから廃墟での一夜を明かしたの

※4　チャパティ：小麦粉を水で伸ばして焼いたもの。近頃のネパール料理店で出される「ナン」とは別物である。ナンが、イーストやヨーグルトで発酵させて作られるのに対し、チャパティは発酵させないで焼く。したがって見た目はペラペラで、無味である。

ち、私たちはバムという町に入った。

イランに観光目的で訪れる人はまだまだ少ないのか、日本でもイランのガイドブックは入手できなかった。手元には「中近東編」という大まかなガイドブックしかなかったため、小さな町に着いても、そこに何があるのか分からない。

ただ逆に予備知識もなく、何があるのか知らないで旅をするというのも良いもので、予想もしない建造物や風景に出会った時の感動はまた格別だ。

5 遺跡の町バム

ザーヘダンから西へ約３００キロ行ったバムははたして遺跡の町だった。

城壁に囲まれた中世都市の遺跡らしいが、城壁、家並み、城の全部が赤茶色の土でできた巨大な遺跡である。バムは、「砂漠のエメラルド」と呼ばれるほどの美しい町だったようで、かつ

ザーヘダンからバムに向かう

てはインドへの交易の要衝として栄えたシルクロードのオアシスらしい。

私は石や土だけが残された遺跡を見ても、何の想像も働かないが、相棒はこんな時いつも人がうごめいていた時代を想像し、一人で感動するのである。

一方、私はといえば、その巨大な観光資源が野放しにされ、私たちはもちろん地元の子どもたちも自由に出入りして遊び場となっていることに驚いていた。落下すれば大けがをするであろうと思われる展望スペースにも柵はなく、注意書きもなかった。日本なら入場料を取られたうえに、「順路」が決められ、見たい所は「立入禁止」、触ってみたいと思えば「手を触れるな」、はては「撮影禁止」「危険」「禁煙」「ごみは持ち帰れ」となるところだろう、などと思っていた。

ケルマーンを目指す

6 ウチに泊まっていかないか

ある日、バムを経てケルマーンまでの荒涼とした大地を進んでいた。晴天でめずらしく追い風のなか、私たちは前後を交代しながら快調に進んだ。

……と、前を進んでいた福永が突然、

「おおーっ！！」

と声を上げた。

私たちの前方には、砂色の周りの風景とは異質の、緑色の一帯が広がっていた。それはケルマーンの町だった。あとは坂を下れば久しぶりのオアシスである。私たちは沿道のドライブインで休憩することにした。


するとイラン人のおじさんが話しかけてきた。今日はどこに泊まるのか？　よかったらウチに来ないか?とおじさんは言ってくれた。家族連れのおじさんは、はじめ、

「よかったらウチにいらっしゃい」

ケルマーンの町並み

と誘い、遠慮する私たちに対して、

「ぜひ泊まってほしい」

と懇願し、なお渋る私たちに、

「君たちはウチに泊まるべきである」

と諭した。

そこまで言うなら、と私たちが承諾すると、おじさんは自分のクルマの後ろをついて来るように命じた。

小さなクルマに、確実に定員オーバーなたくさんの家族が乗り込み、町までの下り坂を私たちはおじさんの後について走った。少しでも私たちが遅れを取ると、おじさんは適当なスペースを見つけては停車して私らを待っていてくれた。その様子はまるで獲物を取り逃がさないように見張っているかのようだった。

人を疑うことが好きな私は正直なところ、このとき少しおじさんをうさんくさく感じていた。

「本当にこの人を信じてついて行ってよいのか？」

標識

「なぜ、こうまで私たちを家に招きたいのだろう?」

イヤな性格である。

この日、私たちはおじさんの家でイランの家庭料理をごちそうになり、快適な一夜を過ごさせてもらうことになったのだが、結局、私はおじさんをずっと警戒して過ごすことになった。最終的には、彼はどうやら日本で働きたいらしく、相棒にそのコネクションを頼んだようであったが、それ以上に見返りを求めることはなかった。

おじさんの自宅は鉄筋コンクリートづくりで、セキュリティーまで整っている立派な屋敷だった。日本と同じように、イランでは玄関で靴を脱いで上がる。家の中は豪奢なペルシャじゅうたんが敷かれ、テレビやビデオなどの家電製品もそろっていて、子どもたちは私に、この国が禁止しているはずのアメリカ映画のビデオなどを自慢げに見せびらかして

イスファハン

くれた。

夕食はペルシャじゅうたんの上にビニールシートを敷いて、その上にふるまわれる。大人もこどもも客人もそれを取り囲むように胡坐《あぐら》をかき、好きなもの（食べられそうなもの）を好き勝手にとって食べる。「イランにはこんなにたくさんの料理があったのか」と私は驚き、これまでこの国でお目にかかることができなかったさまざまな料理をどれもおいしくいただいたのだった。

パキスタンやイラン、トルコ東部では、人々の親切にずいぶん助けられて旅を続けた。しかしその親切に私はずうっと戸惑っていた。

ジェダイな宗教家はサービス精神も旺盛

それは私がこれまで受けてきた親切とは明らかに違っていて、「何もそこまでしなくても……」というくらいに私を浴びせ倒し、押さえつけるような親切さだった。おせっかい、という言葉さえ超える親切……それは幼い頃、たいそうな田舎に住む父の姉が私にしてくれた懐かしい親切に似ている気がした。

父の姉……私にとっては伯母だが、末子だった父にとっては母親のような存在だっただろうか。頻繁に交流が

イスファハンで買った額入りの絵

あった母方の伯母・叔母とは明らかに異なる存在だった……は、父が買ったばかりのホンダN360の運転席の後ろの席がいちばん安全なのだと言って私をそこに座らせるよう命じ、およそ着ることはないだろうと思われるおびただしい子ども用の衣類を母に持たせた。そのとき私にだけ困った表情を浮かべた母の顔を、私はイランで思い出していた。

7 ペルシャの市場にて

ケルマーンという町でおじさんの家に厄介になったあと、何日かして私たちはペルシャの古都・イスファハンに着いた。イスファハンはテヘランの南約340キロにある古都であり、かつて「イスファハンは世界の半分」と称賛されたことで知られる。日本でいえば京都みたいな町である。

町の中心・イマーム広場（王の広場）には青

く輝くドームと門を中心に、イスラム寺院が立ち並び、スターウォーズのジェダイみたいな服をまとった宗教家が闊歩する町のエキゾチックさはとても小生の文章力では表現できないので、どうか写真をごらんいただきたい。そしてこのジェダイたちは、カメラを向けるとポーズなんかをとってくれてずいぶんサービス精神にあふれていたのである。

この町を訪れた思い出に何か残しておきたいと考えた私は、このペルシャの市場で見つけた額に入った絵を買い求めた。それはラクダを連れた二人の旅人が、火に当たって夜を明かす情景を描いたものだった。16〜17世紀に栄えたムガール帝国のタージ・マハールから、同時代のサファビー朝の首都まで、昔の隊商みたいに旅を続けてきたことを想うと、同じように旅をする二人の絵柄に自分を投影したのだろう。額は陶器で作られており、自転車乗りにとってはなるべく持ち歩きたくない重量のあるものだったが、それでも私はどうしてもこの絵を手に入れたいと思った。

私は、相棒の、

「重いぞ〜。割れちゃうぞ〜。後悔するぞ〜」

との助言を無視して額入りの絵を買った。

今では、額を立てる足の部分（この部分は薄っぺらな板でできている）が折れてしまったが、この絵は何度引っ越しをしてもわが家の一番目立つ所に飾ってある。

イスファハンなら国際電話がかけられるかもしれない、と考え、私たちは電話局なる施設に向かった。手続きをしていると、静岡で1年半働いていたというマシェッドさんに声をかけられた。彼は、

「あんた、にほんじん？」

「ぼくも、にほん、しゃちょうさんに、でんわするよ！」

「いま、こんでいるから、すこし、じかんかかる」

と流暢な日本語で電話の申し込みを手伝ってくれた。

電話は20分もしないうちに日本に通じ、無事旅行を続けていることを家族に伝えることができた。

その後マシェッドさんにレストランで食事をごちそうになってしまった。

彼もまた日本に働きに行きたいらしいが、日本のビザが取れないので行くことができないという。

「ぼくね、にほんで、ほんとうに、しんせつにしてもらつた。こんど、ぼく、あなたに、しんせつにしなくては、いけない」

「1年半だけで、どうしてそんなに日本語がうまいんだい？」

福永が聞くと、

「しゃちょうの、むすめさん、よくおしえてくれた。でもイランは、わるいひとが、とてもおおいよ。きおつけてください！」

マシェッドさん以外にも、日本に行ったことがあるという人が何度か声をかけてきた。

自転車を追い越す車の窓から身を乗り出して、

「あんた、にほんじん？　ぼく、ちばにすんでたよ!!」

ペルシャの市場にて

「しゃちょうさん、いいひとだったよ!!」

などと話しかけてくることもあった。

日本でイラン人が急増したのは80年代後半から90年代初頭の数年間だ。88年にイラクとの戦争が終わると兵役を終えた人々が職にあふれ、当時はビザなしで入国できた日本が注目されたのだ。かたや日本はちょうどバブル期、私が住む静岡市でも彼らは町内の運動会で活躍する身近な存在だった。

ところがバブルが崩壊すると、解雇された彼らは路頭に迷うこととなった。そうしてイラン人による犯罪を問題視した日本政府は１９９２年にビザ免除協定を廃止し、イラン人は日本からあっという間にいなくなったのだった。

日本政府は景気がいいときだけイラン人を入国させ、用がなくなると追い出した。だが、現場の日本人経営者たちは彼らを親身に受け入れ大切にしたからこそ、イランの人々は今も日本に親しみを持ってくれているのだろう。そうし

路上にて休憩

て私たちも、この旅でその恩恵を受けている。

日本の報道では、おおかたアメリカ寄りの内容ばかりが伝えられる。アメリカとイランは長く対立しているから日本もアメリカに付き合わされているのだが、イランと日本は元来は友好国同士である。出光興産が日章丸というタンカーを擁して1953年イランからの石油直輸入で世界を沸かせたことは、「海賊と呼ばれた男」（百田尚樹）でも感動的に描かれている。私は日本こそがイランと西欧諸国との橋渡しに一役買うべきだと思っているのだが、そう簡単な話ではないのだろう。

8 宗教の町コム

いくつかの山を越えイスファハンから3日目、コムの町が見えてきた。

峠から町を見下ろすと中心部には金や青、灰色のモスクが林立している。一気に下り町に

イスラム教シーア派の聖地・コム

入っていった。

しかしコムの中心部に入っていくと、いつもと町の雰囲気が違う。何が違うと聞かれてもこれというものはないのだが、あえて言えば空気が違った。町中に響き渡るアザーンの音色もこれまでとは異なり、美しいが威圧的でもある。

町の中心地にある大きなモスクの前に着き、中に入ろうとすると、「ジェダイ」を着た人々が集まってきて囲まれ、じろじろと見詰められた。どうやらイスファハンの「ジェダイ」とは違ってサービス精神はないようだった。

囲まれた人々を掻き分けて中に一歩入ると黄金色に光り輝くドーム型のモスクが現れた。

中庭は広く、礼拝に使ったと思われる細長い布が少し皺になりながらも整然と敷かれている。まだ座って話をしている人も、礼拝道に入って行く人も、みな一様に黒や茶色の宗教服を身に着けている。女性専用の礼拝道もあるためか、女性の姿も目に付く。

テヘランを目指す

礼拝道の中に入ろうとすると、一人の男に声をかけられた。
「@＊△$×○＊@……شأذرقبظ ضا ؟؟؟」
何を言っているのか分からないが、そのうち警備員らしき人がやって来て、外に連れ出されてしまった。彼は入り口の看板を指さし、
「これを、読め！」
と言っているようだ。ペルシャ語の下に小さな英語が見えた。そこにはこう書かれていた。
This is holy place
No museum no enter
No photo
後で知ったのだが、ここコムという町はイランの中で、マシェッド、シラーズに続くイスラム教シーア派三大聖地のひとつであった。国内各地からの巡礼者が、多数訪れていたのだ。観光の町ではなく、ここは巡礼の地である。

9 テヘラン到着

4月10日、この国の首都テヘランに着いた。相棒の手記を引用すると……

「エルブールス山脈の麓に位置するテヘランは坂の町で、春の日差しに芽を出した街路樹と近代的な

ビルが立ち並ぶ美しい町だった。

ただアメリカと敵対関係にあるこの国は、経済的に制裁も受けていたため、国内経済は厳しい状況にあるようで、町を走っている車は20年、30年前の古い車が多く、町の様子がアンバランスである。

皆の口からはアメリカを非難する言葉がよく出てきた。

「アメリカは世界を支配しようとしている」とか、

「イラン人はよくＣＩＡに殺されるんだ」

などなど。

私は無神経にも背中にＵＳＡとプリントされたウインドブレーカーを着て走っていたので、後ろから来た車が前に止まり、

「No USA, No America !」

と降りてきて、それを脱げというようなジェスチャーをされたこともあった。

ただ、この国の経済状態については、彼らもほとほと嫌気がさしているらしく、

アーサーディー・タワー

「ホメイニはだめだ……やっぱりアメリカのような国がいい……」

と小声で話す人も多かった。特に子どもたちは、

「君はアメリカが嫌いかい？」

「好きだよ」

トルコとの国境に近づいてきた

「どうして好きなんだい？」

「だってディズニーランドがあるし、アーノルド・シュワルツネッガーだっているもの」

と答えが返ってきた。

イランのテレビは2チャンネルしかなく、よくアメリカやイスラエルを非難する政府の番組が流れていた。普通のドラマもやっているが、ある時間がくると突然前触れもなく、

「ブチッ……」

と切れて、コーランの番組に変わったこともあった。

またお店や食堂には必ずと言っていいほど、故ホメイニ大統領やラフサンジャ

出国手続きを待つトラックの列

ニ大統領の肖像画が飾られており、自然と政府を敬う機運は高まる。
でも、政府がアメリカをいくら非難しても、情報や文化はどこからともなく入ってくるもので、イランだけでなく世界の各地で、アメリカという超大国の影響を見ることができた。良い意味でも、悪い意味でも……」

物騒なニュースでしか聞くことのないこの町だが、ぱっと見たかぎりは近代的なビルが立ち、広い道路は車であふれていて、私たちが知っている日本の町と変わらない。観光名所もいくつかあるようで、私たちは通りがかりの「アーサーディー・タワー」(自由の塔)で記念写真くらいは撮ってみたのだが、その他の観光地に行くことはなかった。それは、残されたビザの日数が気になったからである(正確に言うと気になっていたのは相棒だけで、私はバスでも汽車でも使ってとっととトルコに入りたかったのだけれど)。

そして、福永はビザの延長手続きに出かけ、1週間の延長を求めたらしいがあえなく却下されて戻ってきたのだった。

10「このビザ切れてるよ」

そんなワケでテヘラン滞在も2日間だけにして、私たちは慌ただしく自転車と共にタブリーズ行きのバスに乗り込んだ。

タブリーズを出て2日目に、雨が降り出した。高原地帯から山岳地帯に変わってゆき、それにともない標高が高くなると空もどんよりとした雲に覆われてきた。周囲の山々には雪が積もり、走っていると手が冷たい。レインコート上下を着込みアップダウンを繰り返す。

1993年4月16日、私たちはトルコとの国境の街、バザルガンに着いた。私たちのビ

トルコとの国境にて

ザは滞在期間1カ月、イランに入国したのは3月17日だから、今日中に出国しなければならなかった(はずだった)。

国境には税関の通過を待つトラックが1キロくらい連なっていて、私は『日が暮れちゃったらどうしよう?』などと考えていた。そこで自転車の私たちはトラックの脇をすり抜けて、とりあえず出国審査に向かった。

事務所の中には机がふたつ置いてあって、見慣れた軍服姿の係員が数人いた。

相棒がパスポートを差し出すと、係官はしばらくの間パスポートを見て、言った。

「このビザ、切れとるやんけー!」

これまで出入国についてはほとんど相棒の福永に頼りきりだった私は、これまでとはどうやら雰囲気が違うので、

「どしたの?」

と聞いた。相棒もわりと動じないタイプであるが、この時ばかりは深刻そうに、

「イスラム暦だと1カ月を過ぎているらしい」

と言う。イスラム暦は太陰暦で、今月は29日でおしまい、というわけである。

不法滞在の私たちは映画『ミッドナイト・エクスプレス』みたいに拘束され、懲役が科され、両親が多額の弁護士費用を払うことになってしまうのか……。

実はこの時のことを私はあんまりよく覚えていない。だが、しばらく待たされた後、私たちは、

「イランから出てってもいいよ」

と言われ、今度はトルコの入国手続きのために、黒い鉄扉の前でまたしばらく待たされた後でようやくこの国に入ることができたのである。

おかげでその後、何度も海外に出かけたわりには、出入国の時はいつもビクビクしている。

第7章

トルコにて

Türkiye

1992年4月17日〜6月1日
トルコリラ＝0.014円〜0.012円
トルコリラは2005年にテソミネーションによって大きく変動した。

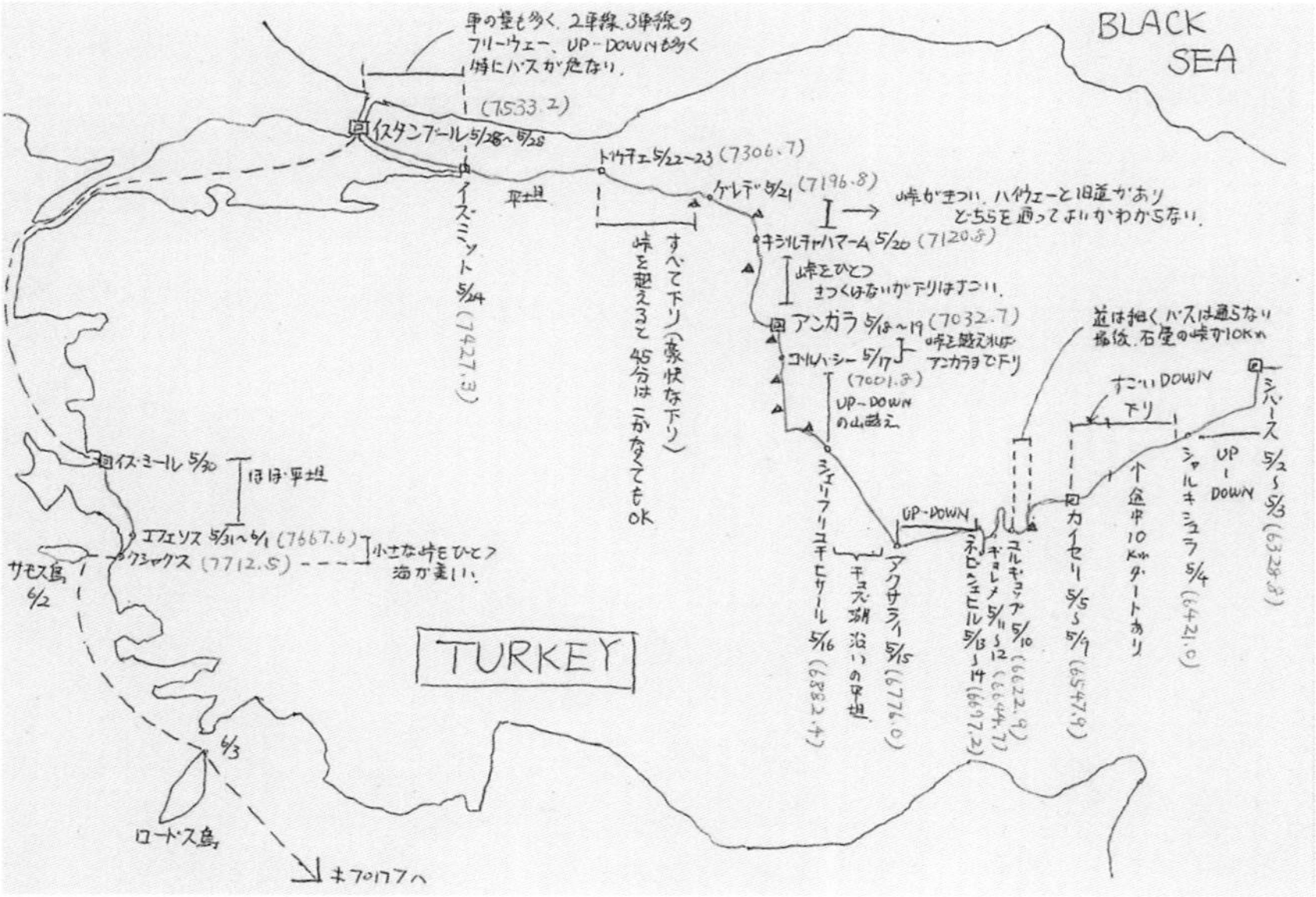

トルコ行程図(福永の手書き)

国境の町ドゥバヤジットまで34キロ

1 クルド人の町・ドゥバヤジット

4月も半ばだというのに、トルコ東部もイラン同様に寒くて仕方がなかった。最初の町、ドゥバヤジットでは、少なくともお湯が出て暖房がきく所に泊まりたかったので、近代的と思われるホテルに泊まった。

これまでの経験から、宿泊客がよく使う時間帯と同室の者が使ったばかりのシャワーはお湯が出にくいことを知っていた私は、相棒の先手を打って久しぶりのシャワーを浴びることにした（うっしっし）。

しかし、この間に相棒は同じホテルに宿泊していた日本人女性の二人連れと親しくなっていた。シャワーを浴びてロビーに出向くと、三人で親しそうに話をしているではないか。不覚である。聞けば二人は姉妹で、トルコのほぼ全土を個人で旅行しているとのこと。トルコの辺境の地で日本人女性に会えるとは誠に幸運である。だが後から割り込んだ私は、なんとなくクリスタル※1でアウェーなカンジだったので、途中からスネてテレビを見ることにした。

ロビーのテレビはずうっとサッカーを中継していた。トルコリーグ（シュペル・リガ＝スーパー・リーグと呼ばれる）の試合らしいが、コレがめっぽう面白い。昭和のおじさんである私は野球しか見

※1『なんとなくクリスタル』田中康夫1980年。当時一橋大学の学生だった田中のデビュー作で、芥川賞候補となった。私はこれをタモリのオールナイトニッポンで知り、その脚注の愉快さは本編でも手本になっている。

ないタイプの人間であるが、そんな私にも、攻守が入れ替わるスピード感や、見事にパスがつながる爽快感を味わうことができた。

だが何より私が気に入ったのは、攻守の切り替えの速さより、番組と宣伝の切り替えの速さである。プレーが少しでも中断すると、すかさずコマーシャルとなる。

ボールがラインを割ればコマーシャル、シュートを外せばコマーシャル、選手が倒れても、これ幸いとばかりにコマーシャルに切り替わる。コマーシャルも1本流すと、すかさず中継に切り替わる。すさまじいスピード感である。日本の中継でこんなコトをしたら、たぶんテレビ局にクレームの電話をしちゃうヒトで回線が不通になるところだろうが、私にはずいぶん合理的な放送の仕方に思えた。

さて、私の中でトルコがなぜ一番かといえば、おおよそ次の4つがその理由として挙げられる。

まず第1に、女性の姿を見かけるようになったことだ。イランの女性はベールの下の顔を拝むことはもちろん、服装も黒ずくめで身体のラインなど一切伺い知れないイデタチばかりだった。したがって国境をまたいだ途端に、女性が顔を出し、ジーンズをはき、胸のふくらみが伺えるシャツなどを着ているだけで幸せに感じたものだ。苦労して国境を越えただけの価値はある。

第2に、文字が読めることである。トルコはイスラム教国ではあるが、建国の父と呼ばれる「ケマル・アタチュルク」は政教分離を行い、文字もアルファベットに移行した。見慣れない文字もあるが、道路標識やホテル、飲食店の看板が読めることは私たちにとっては大助かりだった。

第3に、よい意味で観光地化されていなかった。トルコ東部はもちろんのこと、カッパドキアなる観光地でもイスタンブール以南の地中海沿いの街でも、観光地特有の冷たさや薄っぺらさを感じたことはなく、何より物価が安いことが救いだった。

そして第4に、食事がうまいことである。旅をするうえで食事が合うか合わないかは、きわめて重要な問題だ。

2 トルコ料理はおいしい

『雨天炎天』の村上春樹氏と、雨天は神経痛のウチの家人に言わせれば「トルコ料理はおいしくない」そうであるが、トルコ料理はフレンチ・中華と並んで世界三大料理といわれている。羊の肉を多用するから、独特の香りと個性的なスパイスが多いのが特徴だが、少なくとも私の口には合う。

イランから入国して初めに驚いたのがメニューの豊富さだった。イランではほぼ毎日、「チェロ・ケバブ」という食事に甘んじてきた。「チェロ」は白米、「ケバブ」は焼き肉であり、ハンバーグのような細長い肉が白米に添えられていて、イラン全土で「これしかないよ」

ドネルケバブは巻き付けた羊肉をナイフで薄くそいで食べる

的に供される料理であった。

私たちはレストランに入るたびに、

「これしかないワケないでしょう?」

と言って、時には厨房の中まで侵入してみたりしたのだが、

「これしかないワケですよ」

と言われ続けて、とうとう国境まで来てしまった苦い思い出がある。

ところがトルコに入った途端、「ロカンタ」と呼ばれる安いレストランにもさまざまなメニューが並んでいることに驚いた。

羊の肉を使った料理が中心ではあるけれど、よく知られた「ケバブ」はローストした肉料理で、さまざまな種類があるし、やたらとでかいピーマンに肉やら米やらを詰め込んだ「ドルマ」料理に豆料理、スープなど、どれもおいしいものばかりだった。そしてトルコの食べ物で何より驚いたのはパンのおいしさである。焼き

ロカンタのおじさんは気さく

たての（なぜか）フランスパンを私たちは無料で何度もおかわりすることができた。

このように、「食べるものを選べる」幸せは久しぶりだった。インドから始まったこの旅では、カレー味ばかりの食べ物やイランの食べ物の単調さにへきえきしていたのだが、インド～ネパ～ル～パキスタン～イランと進んでくると、トルコの食べ物の豊かさには感動する。私は偏西風のせいで逆風が続き、東から西に進むことを恨んでいたが、このルートにもたまには良いこともあるものだ。

靴磨きの少年

体重を測るのが生業の少年たち

3 遠慮はいらないから、暖まってゆきなよ

さて、そんなワケでこれまでよりハッピーな気分でトルコの大地の東の端・ドゥバヤジットという町を出発しようとした私たちだが、4月のトルコはあいにくの天候が続いていた。

雨に降られて風邪でも引いたらイヤだし、サブいし、何より雨の中を自転車で進むことほど億劫なことはないので、私は相棒に、

「今日も出発は延期しようよ。自転車は鉄でできているのだから、錆びたら困るし」

などと論理的に提案してみた。

ところが血気盛んな相棒は、

「何を言うか。思い込んだら試練の道を、雨にも負けず、風にも負けず、行くが男のど根性。気合だ、気合だ、気合だ」

などと、宮沢賢治と星飛雄馬とアニマル浜口が合体した人みたいなコトを言うのである。たぶん、東京女子医大病院でブドウ糖の点滴を入れすぎたのだろう、と私は思ったものだ。

『まあ、ここにいたって特に面白いことも起きそうにないし、体調もイイことだから言うとおりにしてみるか』と思って出発すると、1時間も進まないうちに土砂降りの冷たい雨が降ってきた。私たちが道端にぽつんと立っている民家の軒先で雨宿りをしていると、住民が、

「中に入れ」

と手招きして呼んでくれた。

こうして私たちはクルド人の民家で、温かいチャイをごちそうになりながら、濡れた服を乾かし、

暖をとらせてもらうことができたのだった。

トルコに入ったばかりの私たちは「テシェッキュレデリム（ありがとう）」と「メルハバ（こんにちは）」以外の言葉を知らなかった。また、彼らが英語を解することはなかった。それでもなぜか私たちはコミュニケーションをとることができた、と記憶している。それは、身ぶり手ぶりであり、笑顔や困った表情であり、チャイをすすった時に漏らした「ハアアアアア〜」という声だったり、それを聞いた住民の大きな笑い声だったりしたのだろう。

「襟裳岬」※2

北の街ではもう、
悲しみを暖炉で燃やし始めているらしい
トルコの春は、何もない春です
へんな友だちが訪ねて来たよ
遠慮はいらないから　暖まってゆきなよ

※2「襟裳岬」：森進一、１９７４年。作詞：岡本おさみ、作曲：吉田拓郎。１９７４年、レコード大賞、歌謡大賞。

イサクパシャ宮殿

「襟裳岬」な家族

チャイを運ぶ少年

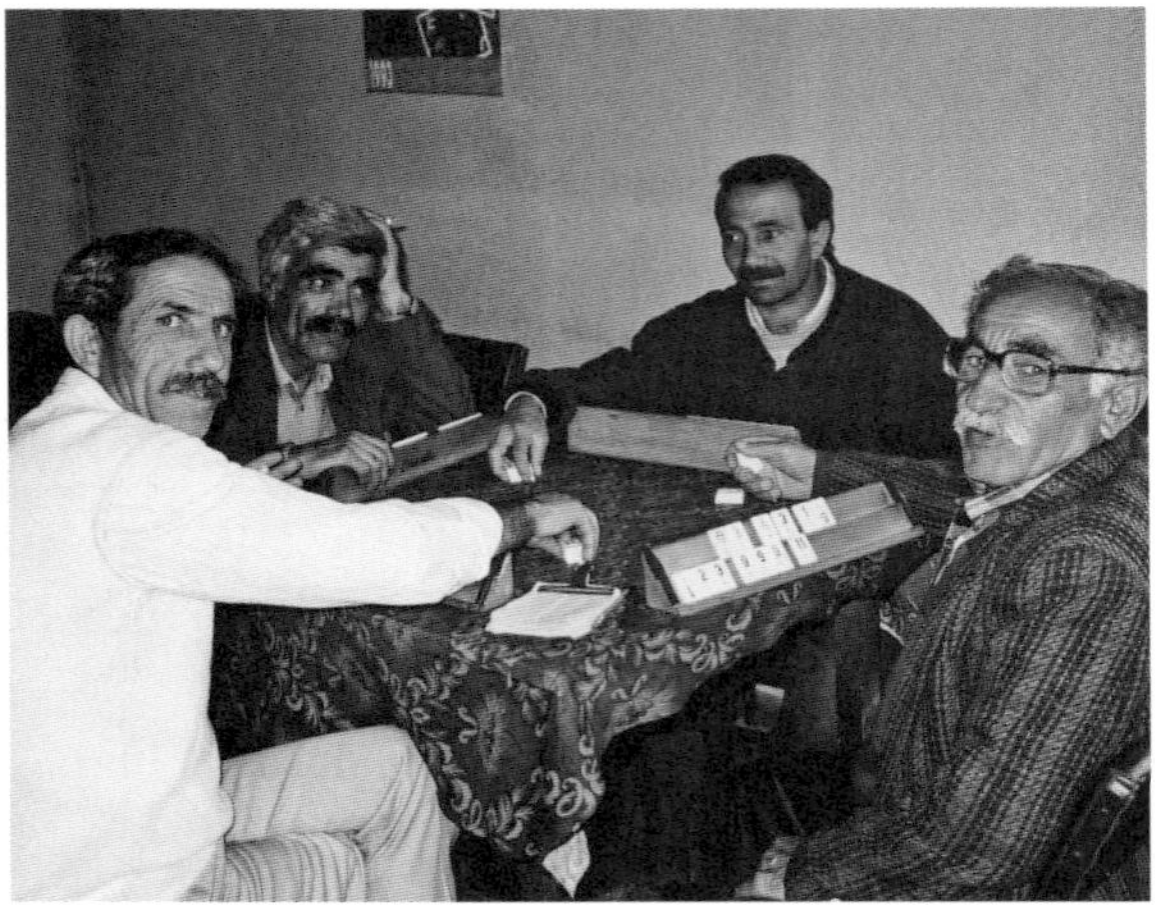

トルコ式麻雀

私には彼らがそんなことを言い合っているように聞こえた。そうして、相棒がブドウ糖の点滴を入れすぎたことに、少しだけ感謝したのだった。

4 カッパドキアにて

ノアの箱舟伝説で知られるアララット山の麓、ドゥバヤジットを後にした私たちは、トルコ東部の山岳地帯に入り、毎日凍えながら自転車をこいでエルズルムという大きな町を抜け、エルジンジャンというさびしい町を通って、山を越え、谷を越えシバースに至り、そして5月5日にトルコ中部の都市カイセリに到着した。カイセリは、かつてカッパドキア王国の首都であり、今も観光の玄関口となっている。周辺には大型の観光バスが並び、これまでほとんど出会わなかった西欧のご隠居さんたちが、ツアーガイドについて歩き回っていた。卑猥な奇岩（ふつうは「卑猥な」とは言わず「キノコ岩」とか言うらしいが）が並ぶカッ

エルジンジャンの町並み

エルジンジャンの町並み

パドキア地方で、私たちもでっぷり肥えたオランダの年金生活者たちと一緒に観光などをした。

ギョレメという町がカッパドキア観光の中心になっており、この町では「デデハン・ペンション」（60000TL／二人）という洞窟ホテルに泊まっていた。このころ私たちは毎日「バック・ギャモン」というボードゲームに興じていた。1回5リラなどとせこい金額をかけ、どちらかが降伏するまで行われる。何度もやるうちに二人とも、このゲームには決まり手となるパターンがあることに気づき、次第にこの面白さから遠ざかってしまったのだが、雨の日が続いたトルコではいい暇つぶしになっていた。

5 トゥズ湖

もう5月だというのに、トルコ東部はとにかく寒かった。この辺りは高地で標高は千メートルを超え、沿道には雪が残っている所もあった。ただ、トルコの

休憩。5月というのに山の雪は解けない

カイセリの町並み

カッパドキアにて。一応観光なんぞもするのである

ホテルには安宿でも、デロンギのオイルヒーターみたいな暖房が備わっており、部屋はよく温まった。そして、オイルヒーターに雨に濡れたTシャツなどをかけておくと翌朝には乾いていて、部屋には適度な湿度が供給される、という賢い利用法を思いついたのだった。

5月16日、アクサライという町からアンカラを目指す道中に、白く輝く湖が見えてきた。「トゥズ・ギョル」という塩湖だった。トゥズは塩、ギョルは湖なのでそのまんまである。降ったりやんだりのあいにくの日だったが、夕方になると青空が広がって、トゥズ・ギョルは夕日を反射してこの上なく美しく見えた。この日世話になったガソリンスタンドから私はしばらくこの光景に見とれていた。あとで知ったことだが、トゥズ湖はボリビアのウユニ塩湖と同じくらい有名な観光地であった。

トルコ入国からおよそ1カ月が過ぎて私たちの

トゥズ湖。標識はアクサライへ62キロとあるが、これは私たちがやって来た方角である

トルコ語は旅を続けるのに最低限の語彙力を備えるようになっていた。はじめ一から十までの数字を覚えたのだが、インフレが激しいこの国では食事も宿泊も万単位だから役に立たないことを知り、千、万、十万の単位が分かるように修正することを強いられたが、発音は優しく、ローマ字をそのまま読めば通じた。

「おはよう」は「ぎゅないどん」、「こんにちは」は「めるはば」、「OK」は「たまーむ」、「どこ」は「ねれで」、「友達」は「あるかだし」という具合だ。なかでも「とても良い」ことを表すトルコ語が「ちょくいい」であることを知った私たちは食事のたびに「ちょくいい」を連発したのだった。

6 アンカラの「青い影」

5月18日、トルコの首都アンカラに到着した。

街の中心部に入り、私たちが吸い寄せられるように入ったのが、Mのマークのハンバーガー屋さ

アンカラ市街

アンカラ市街２

んだった。

私はその看板をひどく懐かしいモノのように思った。正直なところ「懐かしい風景」がハンバーガー屋さんとはなんと悲しいことであるか、とも思うけど。

ただこの店で私が一番懐かしいと感じたのは、店内のBGMだった。店には、プロコルハルムの「青い影」が流れていた。

マクドナルドのメニュー

それは久しぶりに聞く西洋の音楽だった。悲壮感いっぱいの歌声も、歌の背後でオルガンが奏でる「G線上のアリア」も、パキスタンやイランやトルコ東部では一度も聞くことのなかった異質の、しかし日本人である私

トルコのおじさん
（本文とは何の関係もない）

少年の吹き矢。私たちが旅した1992年には、まだこんな光景が見られたが、後年この写真をトルコ人に見せると実に懐かしいと言っていた。

の耳になじんだものだった。そうして、「ああ、もうヨーロッパに近い所まで来たんだなあ」と思った。

私はしばらく、自分がトルコにいること、あるいは旅に出ていることさえ忘れて聞き入っていた。あいにくハンバーガーはべらぼうに高いうえにおいしくなかったが、私は「青い影」を聞くたびに、やっとたどりついたアンカラの風景を思い出すのである。

だが、東洋人の私が西洋音楽を聴いて懐かしい、と思うこと自体は悩ましくもある。仮にアンカラの地で日本の民謡やら雅楽やらを耳にしたとしても、たぶん私はあれほどの感慨を受けなかったと思う。

一方で、イタリアの小さな村の民家から漏れ聞こえてきたピアノがつっかえつっかえ奏でるソナチネのメロディーは、私の妹が練習していた小学生のころの記憶を思い出させ、ほんの一時の郷愁に浸ったこともあった。

イランで感じた「おせっかいすぎる親切」と同じように、私は自分の中から東洋的なものがスポッと抜け落ちちゃっているのかもしれない、などと思った。

トルコのおじさん②

7 アンカラの公娼宿

二人で1泊1000円というホテルを確保すると、私たちは向かい側にあるちょっとだけ高級そうなホテルを見物に出かけた。そうするとロビーでテレビを見ていたおじさんたちに取り囲まれて、いつものように質問攻撃にあった。

「どっから来た？ 日本人か？ トルコ語よくしゃべるやつだな。トヨタカーはいいな。トラトラトラ」

まず、こうした場面でヒーローになるのは、英語が話せるおじさんと日本のことを少し知ってるおじさんである。こうしたおじさんは仲間たちの質問と私らの答えとを通訳しながら、徐々にその場の中心的人物になっていくのである。

この時ヒーローの座を勝ち取ったのは、おじさんAであった。

彼は、ついさっきテレビでやっていた「トラトラトラ」※3をすかさず引用してみせ、私のことを「イソロク・ヤマモト」と呼んだ。

異国の地で日本語や日本の文化の話を聞くと、妙に親近感が湧いてしまうものである。こうした気づかい（かどうか知らないが）は、外国人のもてなしには有効であって、私たちもつい気を許したの

※3「トラ・トラ・トラ」1970年。20世紀フォックス。日本軍による真珠湾攻撃を題材にした戦争映画。私はこの時、自転車をこぎやすいように、ジャージの裾をスキー用の靴下の中に入れていた。おじさんはこのいでたちを見て、「トラ・トラ・トラ」の日本軍の軍人に似ていると思ったのだそうだ。

がいけなかった。

おじさんたちは（たぶん）ヒマであるからして、おそらく初めて会ったであろう模範的かつ友好的な日本の青年に、恥も遠慮もなく質問を浴びせ続けた。

「なに、インドから自転車で来た？　アホではないのか？　どこを通ってきた？」

「そこはオレの故郷だ。イイ街だろう。女もきれいだ。日本人も女は好きか？　好きに違いない。女が嫌いでは国力が衰える」

このような展開の場合、国際的な友好関係を構築するためには「スキモノ」を演じる必要がある。

そこで私は、新聞で目にしていたトルコの国民的スターの名前を出してみた。

「トルコの女性はみんなキレイだ。私はシベル・ジャンとシタイと思っている」

「やはりアホだな、できるわけがない。しかし、別の女性となら今夜にでもできる」

とおじさんAが言うと、BとCが続けて、

「ベントデレスィ！」

と言った。

トルコには当時（今は徐々に廃止になっているようだ）、公娼宿なるものがあって、アンカラ城の麓のベントデレスィ地区はその大御所であった。

アホな私たちは覚えたてのトルコ語の単語を組み合わせて、

「まだむ、いすてよるむ？（ご夫人はおいくらか？）」

などと聞いてしまったのがダメ押しとなってしまった。

おじさんは、

「25歳、1時間で30万トルコリラ（4200円）」

と紙に書き、

「ちなみにタクシー代は2万トルコリラ（280円）であるから、35万リラだけ持っていけ」

などと助言までしてくれた。わりとフィックス・プライスで安心である。

こうして私たちは、日本国繁栄の礎となるべく国際的友好関係の構築のために、誠にやむを得ず、オジサンたちが呼んでしまったタクシーに乗せられ、おじさんが告げた行き先に運ばれ、運転手に「あっちだよ」と言われた方向に向かって歩いた。

「BANYO（風呂場の意）」と書かれた入口には、警察官らしき人が立ちはだかっていた。

「パスポート」

「?」

「パースポート！　ミスター」

パスポート見せろったって、こんなトコに持ってくるわけないだろう。

だいたい、売春するのに身分明かしてどうすんだいと思ったが、すぐにココは国営売春所だと気づいた。トルコの人たちも一様に身分証明書らしきものを提示して、ゲートを通過している。

だが、さすがは百戦錬磨の私たちである。こういうコトもあろうかと（本来は「こういうコト」のためではないのであるが）、パスポートのコピーは常に携帯しているのである。

中に入ると、狭い路地に沿って1番から20番までの部屋が並ぶ。1つの部屋に二〜四人の女性がソファにドカッと腰かけて、買い手がつくのを待っているという具合である。

ひと部屋ずつ観察していくと、かなり栄養の摂取過多なマダムが多いようであるが、女郎屋のスタッフにしては服装が地味である。また、積極的に勧誘する様子もない。

「さあ、バッチコイ※4」

みたいな雰囲気なんである。現代的に例えるならば、「デラックスでないマッコ」といった感じだろう。そして、買い手が中に入っていくのはごくごくまれである。これはたいへん異様な光景であり、私は性欲よりむしろ好奇心でいっぱいになった。


「国営の女郎屋で働くスタッフは、まさか国家公務員ではあるまいな?」

とか、

「女郎屋で男と目が合うのはかくもバツが悪いモノなのか」

などと思案しつつ、私は奥の部屋へ行くほど質が高くなることを期待して、狭い路地を、できるだけトルコの男性たちと目が合わないように進んだ。あいにく、奥に進んでも惨状は変わらなかった。このあと私たちは、くれぐれもおじさんたちに会わないようにと願いながら、自分たちのホテルに直帰したのだった。

というワケで、ほんの2日の滞在だったが私にとってアンカラは望郷と苦い思い出とが残る地となった。そして寒い日が続いたトルコでも、このアンカラを期にぐっと気温が上がり、唐突に初夏を思わせる陽気に変わっていったのであった。雨が多かったのがウソのように、この後は晴天が続くことになる。

8 とんだイスタンブール

アンカラを出発した私たちは快調に進み、ボル、ゲレデという町を経て国道E－5号線（最近の地図ではE80となっている）を一路イスタンブール目指して走った。

イスタンブールは私たちにとって、大きな目標だった。インドから始まった旅にとって、そこはアジアの終わりであり、ヨーロッパの始まりである。

アジアの終わりは、私たちにとって「情報が少なく、奇妙でエキサイティングで何が起こるか分からない」旅が終わることを意味していた。

ヨーロッパの始まりは「写真やテレビで見たことがある、キレイでオシャレで物価が高い」旅の始まりを予感させた。

ところが、私の相棒はこの区切りの町の手前に来て、じつに不遜な提案をし始めたのであった。それは、

「イスタンブールからは別々に旅を続けよう。おいらはエジプトに行く」

というものである。

私は反対した。なぜなら、この旅のスタートはコルカタ、ゴールはロンドンということになってい

※4「バッチコイ」：少年野球のかけ声で「バッター来い」の省略形である。70年代の少年野球では「さあ、来い」「バッチコイ」などと常に声を出すことが強制され、練習中も試合中も水を飲むことは許されず、歯を見せて笑うことも禁止された。現在の高校野球などを見ていると隔世の感がある。

て、そのための準備をし、今後のルートからして浄水器やテントなど共有できる物は捨ててしまった経緯もあるからである。

だいたいだね、おまいがヘンな病気になって、帰国して点滴打っている間、待ってやったのはどこの誰だい、と私は思った。

相棒はアンカラを出てから体調がよくなさそうであったが、

「いよいよイスタンブールだぞい。おお、なんというエキゾチックな響き。飛んで、いすたあんぶううる※5」

などと浮かれておる。だが私にしてみれば「とんだイスタンブール」である。

こうして別々に進むのか、それともまずはロンドンまで一緒に行くのか、結論の出ないままイズミットという町に到着

ハレムの波止場にて

した。イズミットからイスタンブール中心部までは約80キロ、1日で到達できる距離である。目標であり、あこがれの地でもあったイスタンブールを目前にして、私も早くその町を見たいと思った。

ところがこのイズミットという町で、相棒はまた下痢をした。間が悪いヤツである。そこで翌日、私は相棒を見捨て、一人で「とんだイスタンブール」に乗り込むことにしたのだった。

翌朝私は、宿泊予定のホテルの場所と名前を告げ、

「『別々に進みたい』って言ったのはおまいだろ?」

という、小学校低学年並みの捨てゼリフを吐いてホテルを出発した。「旅は人を成長させる」というのは誤りである。

イズミットを出発すると、道沿いには「Levi's」や「BENETTON」など、見慣れたロゴを掲げた看板が目に入るようになってきた。これまで走ってきた一本道と比べ、車の量は恐ろしく増え、急に路肩に停車しようとするバスに進路をふさがれる。だが、イスタンブールのアジア側にさしかかると、決して美しいとは言えない工場地帯の隙間から、海を見ることができた。それは日本を出てから初めて見る海だった。この道が海にぶつかるとき、アジア大陸が途切れ、イスタンブールのヨーロッパ側に渡ることになるのである。

※5 飛んでイスタンブール:庄野真代1978年。詞:ちあき哲平、曲:筒美京平。歌詞には「光る砂漠でロール」とあるが、この町と砂漠は無縁である。私は、「イスタンブールでは陽気に砂漠でゴロゴロするのだろう」などと思っていた。ちなみに「ロール」とは飛行機の旋回を意味するそうである。

イスタンブールの街は、海峡をはさんでアジア側とヨーロッパ側とに分かれ、さらにヨーロッパ側は新市街側と旧市街側とに分かれる。アヤソフィアやブルーモスクといった観光名所はほぼ旧市街に集中しているうえ、安宿も旧市街に多い。

私はアジア側の「ハレム」という波止場から、旧市街の「シルケジ」という駅までを結ぶ連絡船に乗ることにした。乗り場に自転車で到着すると、船を待っている乗客からワケの分からない激しい歓迎を受けた。「熱烈歓迎」というのは多分こんなふうな歓迎の仕方をいうのだろうと思ったほどだ。

彼らは、

「どっから来た？　ぬあに？　インドから？　クレイジーな奴だ。しかもこいつはトルコ語しゃべるゾ」

「次の船は14時だ。切符はそこで買え、５０００リラだ。おい、自転車積んでやれ」

おかげで私は、次の便の出発時間を調べる必要

船から旧市街を望む。私もこんな写真を撮るはずだったのだが。

もなく、言われたとおり5000リラ（約70円）のジエトン（コイン状の切符）を買い求めて、ハンバーガーとジュースを買った。船が来ても呑気にハンバーガーを食べていれば、自転車は彼らが船に運んでくれた。私はスター気取りで、右手を上げながらアジア側に残る人々に手を振って乗り込めばよかった。すべてが順調だった。

しかし、私はスターとして次から次へと質問に答えなければならなかった。これは想定外である。

しばらく前から私は、この連絡船を思い浮かべては、

「インドからはるばる自転車でやって来た青年が、アジアからヨーロッパに渡る」

という、きわめてドラマチックなシーンを妄想していた。そして海上から旧市街を眺める幻想的な風景を背景に、船の上で感傷に浸る自分の雄姿が、できれば夕日に染まりながら写真に収まる……ことになっていた。

ところが残念ながら、質問に答えていると誠に

イスタンブールにて

あっけなく、カメラを取り出す暇さえもなく、船は10分でヨーロッパ側旧市街に到着してしまったのであった。

1993年5月24日、私は下痢で体調不良の相棒に1日先んじて、単身イスタンブールに到着した。

「イスタンブールからは別々に旅を続けよう。おいらはエジプトに行く」

と言う相棒の不遜な申し出を不愉快に思いつつも、私はイスタンブールの初日を楽しんだ。そこは、デリーよりもうんと美しく、カトマンズより開放的で、ラワルピンディよりも整然とし、テヘランよりも和やかで、しかも壮麗なモスクが町のあちこちにそびえるエキゾチックな街だった。街を歩く女性たちの姿は、もうイスラムのそれではなく、ヨーロッパそのものだった。

トルコに入国した日以来、1カ月ぶりに日本人旅行者に出会ったことも私の心を和ませた。私は、先にイスタンブールに来ていたこの日本人旅行者らと、安くて旨いと評判のレストランでおいしいトルコ料理をたらふく食べ、何度もパンをおかわりして、夕方のアザーンを聞いた。ライトアップされたブルーモスクを見ながら、私はようやく長い旅がアジアとヨーロッパの中継地点に着いたことを実感した。

長い旅を続けた私は、日本人観光客らと交流するうちに自分はもう一人旅をするに十分な経験をしてきたことを知った。イスタンブールまでの旅程と比べれば、この後、ギリシャからイギリスまでは一人でも安全だろう。そうして、ともかく節約がモットーの相棒とは趣味趣向が異なることを感じていた。

翌日、相棒と合流した私は、相手の意思を尊重し、彼の申し出を受け入れることにした。やはり

「旅は人を成長させる」のである。

計画では、このあと情勢不安定なユーゴスラビアを避け、船でギリシア、イタリアへ渡り、北上してフランスを抜け、ロンドンを目指す予定だった。このルートなら身の危険はそれほどなかろうし、何より私には資金がそう多くは残っていなかった。

しかしこの行き違いについて、時がたつにつれて私はこの旅に対する彼と私との意気込みの違いが原因だった、と考えるようになった。

自転車と謎の標識

私は『ちょっと行ってみたい』程度のノリで相棒についてきてしまい、『まだまだ人生は長いのだから、気に入った場所にはまた来ればいいや』と思っていた。
だが、彼にとってこの旅は、もっとずっと重要な意味を持っていて『この機会を逃しては二度とない』『もっともっと旅を続けていたい』という気持ちを抱いていたのだろう。にもかかわらず、いったん帰国した負い目もあって、相棒は煮え切らない私の同意を得ようとしたのだった。
アンカラを出てから彼に下痢が続いたのは、たぶんこうした心労からだろう。血気盛んでガサツなわりに、人に対する気配りは細かい。昔も今もそんなヤツである。ともあれ「おいで、イスタンブール。恨まないのがルール」なのだ。私たちは互いに別の進路をとることになった。

この町では私も精力的に観光した。気候が良いうえに、衛生面の不安が小さいことからコンタクトレンズをして目がよく見えることも幸いした。ブルーモスク、トプカプ宮殿、アヤソフィア、グランド・バザールは、いずれもホテルから徒歩圏だった。

中でも地味ながらお勧めしたいのが「地下宮殿」(Basilica Cistern)である。はじめ私はそこが何の施設なのかも知らずに階段を下りて行った。すると遠くからバッハのミサ曲がかすかに聞こえてきて、音のする方に進んでいくと、ほの暗いランプに照らされた巨大な貯水池があることが分かかつ

アヤソフィア

た。バッハのミサ曲はどこまで進んでも大きく聞こえることはなく、天井から落ちる水滴の音が響いた。私は地上の暑さと車のクラクションからしばらく逃避して、静かで神々しい時間を楽しんだのだった。残念ながら暗くて写真はないが、映画「インフェルノ」※6のクライマックスで使われた施設である。

いまひとつのお勧めは、新市街にある「ドルマ・バフチェ宮殿」だ。私には名の知れた「トプカプ宮殿」よりも、ここから眺めた旧市街の風景が忘れがたく目に残っている。それは「ハレム」という波止場から、旧市街の「シルケジ」という駅までを結ぶ連絡船の上で私が感傷に浸るはずだった景色そのものだった。

9 最終章「あるかだし、ぎゅれ、ぎゅれ」

さて、イスタンブールからエーゲ海沿いに南下してギリシアに渡るのだが、軟弱な私はイズミールという港街まで船で移動することにした。

「陸路では恐ろしく遠回りだ」というのが表向きの理由だが、実は「コレってもしかしてエーゲ海クルーズじゃん」というミーハーな動機が本当の理由である。

※6　インフェルノ：2016年コロンビア・ピクチャーズ。原作：ダン・ブラウン、監督：ロン・ハワード。ダン・ブラウンによるラングドン教授シリーズはヨーロッパの観光地が舞台になっており、どの作品も観光気分が味わえる。

イスタンブールからイズミールまでの船内

調べたところ、イスタンブールからイズミールまでの船は15時発、翌9時にイズミール着となっていた。私は5月28日の椅子席（25万ＴＬ＝約２５００円）の切符を買った。

ところが聞けば相棒も船に乗るというではないか。まあそれはそれでよい。私と相棒とはそれぞれの都合に合わせて船の切符を買ったのだが、偶然、出発日は同じだった。明日の朝、いよいよ一人だけの旅が始まる（はずだった）。

翌朝、私は先に出かける相棒の自転車を運び、彼の出発をのんびり見送った。同じ日に何本も船があるのだろうかと不審に思ったが、いろんな会社が運行しているのだろうと私は思っていた。

私は、仲良くなったチャイ屋のにいさんに出発のあいさつをし、お昼ごはんをごちそうになり、荷物をまとめて、出港時刻の1時間前に港に向かった。

すると港には見慣れた自転車があるではないか。

聞くと、「早すぎた」そうである。

アホチンめ。

一人でエーゲ海クルーズを楽しもうと思っていたところ、誠に残念ではあるが結局私たちは二人でイズミールまで向かうことになった。

イズミールはエーゲ海に面するトルコ第三の大都市である。黒い土と砂と灰色の空ばかりだったトルコ東部と比べて、青い空と見たことのない海の青さは、ここにいるだけで気分が明るくなった。大都市はホテル代がかさむが、イスタンブールで会った日本人に紹介された「ＯＬＹＭＰＩＹＡＴ」ホテルは一人４万トルコリラ（約５００円）程度で助かった。イズミールはもう真夏の陽気で、コナック広場の波止場からは浮き輪を持った家族連れがフェリーに乗って出かけていく。波止場のレストランからは海が望め、サラダ付のサンドイッチとコーラで２８０００ＴＬ（３３０円）を出せば、優雅なリゾート気分を味わうことができた。

エフェスの遺跡

翌日は、ムール貝のピラフ詰め「ミディエ・ドルマシ」に出会った。今も私の好物である。当時の手記には1個500TL（6円）とある。トルコのムール貝は日本で見るムール貝とは別物というくらいにでかい。したがってムール貝1個にぎゅうぎゅうに詰まっているピラフも多い。あんまりうまいので6個も食ったところ、胃もたれがして翌日は昼まで寝ていた。

どうせイズミールまで一緒に来たなら、エフェスの遺跡を見ていこうということになって、私たちは遺跡の近郊の町・クシャダスまで移動した。イスタンブールよりいくらか南にあるこの辺りでは、日中の気温はもう30度を超え、すっかり夏を迎えていた。冷たい雨の中を進むかとどまるかで言いあいをしたトルコ東部での日々が懐かしかった。

私たちはせこいので、観光地では英語のガイドの団体にくっついて歩く術を身に付けていた。しかし、エフェスの遺跡ではフランス語と

エフェスの円形劇場

ドイツ語のガイドばかりで英語のガイドがいない。言葉は分からなかったが、円形劇場の舞台でガイドがしゃべると、心地よく声が響いていたことが印象的だった。私はこの劇場で音楽を聴きたいと思った。そしてこの欲望は1カ月後、アテネのイロドアティコス音楽堂で、ベルディのアイーダを聞きに行くことでやっとこさ満たされることになった。

ただ、この地に残る遺跡のうち、主なものはパリのルーブルやイギリスの大英博物館にあるという。争いの果てに、強者が弱者の財産を奪い取っていったのだと思うと、イギリスやフランスが誇る文化とは何かを考え直すべきだ、と私は考える。

さて、相棒はこの町からフェリーで、ギリシアのサモス島へ渡るそうである。私はトルコが気に入っているので、もうしばらく南下して、ボドルムという港町まで行くことにした。

そこで、クシャダスのホテルで彼と別れ、次の町まで行く途中、私はあろうことかパスポートをホテルに置き忘れたことに気がついた。アホチンである。引き返さないワケにはいかない。

クシャダスのホテルに戻り、無事パスポートを手に入れると、私は沿道のビーチで水浴びでもしたい衝動に駆られた。

あいにくビーチはニュースで見る湘南海岸ほど人がいっぱいで、自転車を預かってくれる場所もなかったが、少し離れた岩場に場所をとり、Tシャツだけを脱ぎ捨てて私は海に飛び込んだ。

そして、息を吸おうと海面に顔を出した時、トルコ人にしては平たい顔が浮かんでいるのが見えた。平たい顔は、ヤツだった。まことに懲りない二人である。

水浴びを終えた私たちは、

「もう会わないように」

との願いも込めて、クシャダスで握手を交わした写真を撮った。裏表紙の写真がそれだ。こうして私たちはようやくそれぞれの道を進み始めることができたのだった。

彼はここからフェリーでギリシャのサモス島にわたり、イスラエルへ、エジプトへと旅を続ける。私は残り少ない資金が続く限り、イタリア、スイス、フランスを北上してロンドンに向かう。別れ際に彼は、

「スイスに行ったら、ツェルマットとベルンには立ち寄るべきである」

と言った。

あいにくスイスはべらぼうに物価が高く、ツェルマットで登山電車などに乗れるはずもなく、雲間から除くマッターホルンを眺めていただけだったから「どうせヤツならではの体育会系の名所だろう」などと感じたのだが、そのあと立ち寄ったベルンはこの上なく美しい町だった。ベルンのクロックタワーの前で私は福永に感謝した。私が世界で美しい町を挙げるとしたら、ベルンとプラハと答えるだろう。なにかにつけて言葉が足りない彼の真意を汲み取るのは、毎度いささか骨が折れるのだ。

この後の行程で私たちがみたび会うことはなかったが、イタリアのマリーナ・ディ・マーサという町で私が泊まったユースホステルに福永も滞在したのだという。

「しばらく前に自転車で旅をするおかしな日本人が来たよ。君の仲間かい?」

と、宿の人に言われたそうだ。私は彼と同じ町に立ち寄り、同じ宿を選択し、彼の仲間だと思われたことがうれしかった。

二人とも歳を重ね、家庭を持ち、職業を変えてきたが、福永はその後も私にとって大切な友であり

続けた。同性の友に対しての思いを、もれることなく伝える言葉を私は知らない。

親友といえば大げさだ。友情と呼べば薄っぺらな気がする。もとより使命感や志などないから、同志も盟友も当てはまらない。本文では「相棒」と呼んだが、それも彼の長い旅の中ではトルコまでのほんの数カ月に過ぎないから、「トルコまでの元バディ」くらいがちょうど良い。ホモでない私が、同性の友に対しての思いをどう伝えるか、この本を書き始めた理由はそこにある。

私は彼のことが好きであり、その才能を敬い、憧れ、ときに嫉妬し、恨んできた。社会復帰した後の地位とか収入とかでも、彼は私の競走相手であり、目標でもあった。また、年賀状を書くときだけは、彼が周りの人と喜びを分かち合って過ごしていることを願った。

一方で彼にとって私がどのような存在なのかは今もって謎である。異性に対する恋愛感情と同じように、それが気にならないと言えば嘘になる。だが物語を終える今頃になって、そんなことはどうでもよくなっていた。恨みつらみを並べ、ときに罵倒しながら、彼に対する気持ちをつづってきたこの半年は、私にとって実にステキな時間だったのだから。

このあと私は明るいうちにボドルムに着いたのだが、観光地だけあってホテルはどこもべらぼうに高い。そこでボドルムからさらに西へ移動しながら、できるだけ安い宿を探して歩いた。30分ほど自転車をこぐと、これまで見たことのない美しいビーチが広がっているのが見えた。白い砂浜と青い海が広がり、左手には白い壁とレンガ色の屋根を持つ住宅が並んでいた。そこはビッテズというビーチだった。

私は坂を下り、海岸まで行くことにした。ビーチには、大きなホテルが1軒と海の家が数軒並んでいて、最初に声をかけてきた一番手前の海の家でコーラを頼んだ。

日本人が来ることはめったにないだろうし、外国人でもトルコ語を話す輩は珍しいと見えて、私はまたたいそうな歓迎を受けた。

安い宿はないかと聞くと、店主のイスマイルと弟分のハッサンは、

「ココで寝てもいいよ」

と言う。

この海の家は、土間から1mほど高い位置になぜか畳の座敷席があった。海の家であるからして、もちろんシャワーもある。リゾート地であるからして、トイレには紙まで備え付けてある。気候は夏で、夜はエーゲ海からの涼しい浜風が吹き抜ける。そんなワケで私は、この「フィエスタ・カフェ」で一人になったバカンスを楽しむことにした。

夜、海の家で一人になると、これまでのことが思い出された。そうして昼間、ビーチで出会った相棒の顔を思い出し、ニヤニヤしながら私は知らず知らずのうちに彼と似た行動をとるようになった自分を少しだけ頼もしく思った。明日からは一人だけの旅が続く。私はごそごそとアメリカン・エキスプレスのトラベラーズ・チェックを取り出して残額を確認しながら、彼の旅はどこまで続くのだろう、と思ったのだった。

しばらくビッテズに滞在した私は、そろそろ旅を再開すべく、イスマイルとハッサンに別れを告げた。イスマイルは英語を解さなかったが、別れ際、私に握手を求めた。意外にもその力はめっぽう強くて少々痛かったが、その力より強く大きな声で私に言った。

「あるかだし、ぎゅれ、ぎゅれ」（友よ、さようなら）

ボドルムに続く道に出るまでの上り坂で、ペダルを踏んづけるのに合わせて私は、

「ある、かだーし、ぎゅーれ、ぎゅーれ」

と声に出してみた。勝手放題だった福永への恨みを半分、彼の旅の安全を祈る気持ちを半分こめて。

あとがき

国立がん研究センターに彼を見舞った3月のその日、東京は雨だった。かつて旅に出る前に彼に案内してもらった交通会館は、西武も大丸もなくなった有楽町駅前に今もたたずんでいて、その前の道路は黒く濡れていた。病院のカフェで待てと言われ、傍らの椅子に掛けていると間もなく彼がやって来た。ヒョロリとした体躯の上半身を無駄に左右に振りながら、右手の指の間を少し広げて軽く敬礼のポーズをとる姿は30年前と変わらない。カフェに入ると「ちわーす。ごちそうするよ。何がいい?」と言い、私の希望を聞いた。先に席に着くと、彼と店員さんとの軽口が聞こえてくる。田舎育ちの私は、本当はいつも人恋しいくせに、若い頃は彼のように振る舞うことは恥ずかしいと思っていた。都会の人々は煩わしいことが嫌いなのだろう、と思っていたからだ。しかしそうではないのだと思わせてくれたのも彼の仕業だった。誰とも打ち解け、受け入れる彼の姿は私の手本となった。

別れ際、地下鉄の駅に向かう玄関の手前で、見送る彼に軽く手を上げて挨拶した。踵を返して駅に歩き始めた私だったが、自動ドアの手前でもう一度振り返ると、やはり彼はまだ同じ場所に立っていた。トルコで別れたあの時と同じように、指の間を少し開いた右手を上げて。

言葉に出さないけれど、彼の気遣いは今もそんなところにある。自転車旅行の連れ合いに私ではない他の友人をと考えた彼は、たぶん体が強くなかった私への配慮もあったのだろう、と最近になって思うようになった。生きていく楽しみの大半を教えてくれた彼に対する「ありがとう」の気持ちが、行き場を失ってしまう前に、あの旅の記憶を取り戻せたことをうれしく思う。

最後になりましたが、リーブル出版の坂本社長には、小生の無理難題に最後まで応えていただき、大変お世話になりました。初めての本の出版に際して、懇切丁寧に助言いただいたうえ、読み返すたびに修正を繰り返す小生にお付き合いくださったことに、この場を借りて御礼申し上げます。

また、出版にあたって書店を紹介してくださった株式会社静岡運送の鈴木社長、古い写真を提供してくれた柴田進君ご夫妻、そして体調がすぐれないなか、校正に付き合ってくれた福永龍司君に感謝申し上げます。

２０２４年11月3日　栗田 和博

自転車と装備

私たちは、私の実家に近い愛知県の自転車屋さんで二人おそろいの自転車を買い、フレームを補強してもらったほか、前後左右に荷物を付けるキャリアを装着してもらった。自転車は㈱カワムラサイクル社製の「ニシキ」と呼ばれるマウンテン・バイクだった。ブリジストンやパナソニックなどと比べて地味目なブランドであることが私のお気に入りで、しかも安かった。ハンドルは二人の好みが分かれ、私はドロップハンドルを、福永はフラットバータイプを選んだ。1台10万円ほどで仕上がったと記憶している。

私はスイスのローザンヌで、一度プロの整備を無償で受けた。荷物を外した自転車でレマン湖畔に出かけて、村上春樹の『ノルウエイの森』を読んでいたら、自転車屋を営む兄弟に声をかけられ「自転車を見せてほしい」と言われたのがきっかけだった。自転車が壊れたらどうしよう、という不安は最後まで付きまとったが、このメンテナンスの甲斐もあってロンドンに着くまで長旅にも悪路にも十分耐えた。

荷物を積むキャリアは前後輪の両側と、前後計6カ所に付けてもらった。できるだけ頑丈な物をと、アズマ産業㈱社製の「オーストリッチ」というシリーズでそろえた。

装備品はテント、寝袋、小型の電卓、衣類、タオル、水、食料、浄水器、ガソリン用コンロ、ティッシュ、トイレットペーパー、蚊取線香、コンタクトレンズ用品とメガネ、カメラなどである。福永は当時は重くて大きかった一眼レフカメラを持参した。大手出版社のガイドブックも持っていったが、私たちのようなへんてこな旅で役に立つことはほとんどなかった割に重いので、不要になったページは破り捨てながら進んだ。

浄水器は現地の水を飲料用にろ過するためのもので、私たちは三菱レイヨン㈱（現・三菱ケミカル㈱）社製のアウトドア用浄水器「クリンスイ」と、防災用「水キュー」と呼ばれる簡易タイプの2種類を携行した。

井戸水をろ過したうえでカルキを数滴加える。その日の宿に着くたびに、翌日の飲料水を作るのが日課となった。

自転車の部品は買った時に付いていた付属部品のほか、タイヤチューブを3本と、外側のタイヤを2本、それにスポークを何本か持参した。自転車は万国共通の乗り物だし、複雑なつくりではないから、基本的にはどこの国でも部品が手に入った。輪行バッグにバラした自転車本体と荷物一式を詰め込み、変速ギア部分には手厚くタオルを巻いて、成田空港の機内預け荷物として預けた。当時はまだ機内預けの荷物は平気でぶん投げられていたので、私たちは「fragile」と書かれた割れ物注意のステッカーをこれでもかと貼って、かわいい子を預けるような気持ちでエア・インディアのカウンターに預けたのだった。

帰国後に、持っていけばよかったと感じた物は、しょうゆや粉末の味噌汁、そうめんなどの日本食類と1冊の文庫本である。文庫本は日本語が恋しくなった時に何度も読み、出会った日本人旅行者と交換した。当時は辞書と短波ラジオがあれば便利だっただろうが、スマートフォンがあればおそらく不要である。

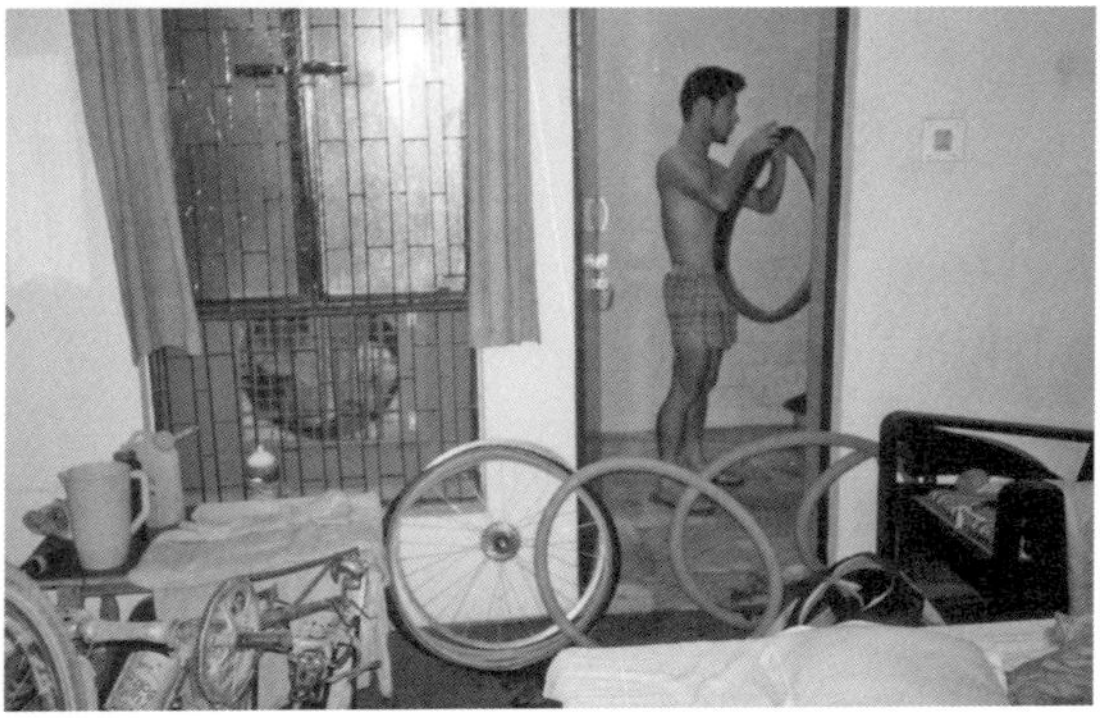

自転車のメンテナンス

行程と走行距離

月	日	国名	都市・町	キロ数	累計キロ数	備考
1992年 4月	4	インド	コルカタ	0	0	
	5		コルカタ	0	0	
	6		コルカタ出発・フグリ着	69	69	
	7		バルドマン	77	146	
	8		ドゥルガプル	72	218	
	9		サウリ	81	299	
	10		ドゥンカ	80	379	
	11			0	379	
	12		デオガール	80	459	
	13		ジャムイ	115	574	
	14		ラッキーサライ	30	604	
	15		カルナルティ	100	704	
	16		パトナー	58	762	
	17			0		
	18			0		
	19		ムザッファルプル	66	828	
	20		ルクソウル	155	983	国境
	21	ネパール	ヘタウダ	72	1055	
	22		ソウラ	80	1135	
	23		ナラヤンガート	66	1201	
	24		ムグリン	44	1245	
	25		ナウビセ	89	1334	
	26		カトマンズ	37	1371	

	27				
	28				
	29				
	30				
5月	1		ムグリン	118	1489	
	2		ポカラ	93	1582	
	3					
	4					福永トレッキングに出発
	5					
	6		ベリカルカ			栗田トレッキングに出発
	7		チョムロン			
	8		ヒマラヤホテル			
	9		マチャプチャレ・ベースキャンプ			
	10		バンブー			
	11		ジヌダンダ			
	12		ベリカルカ			
	13		フェディ			
	14		ポカラ			
	15		ガレン	88	1670	
	16		バイラワ	105	1775	国境
	17	インド	ナウタンワ	18	1793	
	18		バスティ	133	1926	
	19		ファイザーバード	85	2011	
	20		バラバンキ	110	2121	
	21		ラクナウ	37	2158	

月	日	国名	都市・町	キロ数	累計キロ数	備考
5月	22		カーンプル	100	2258	
	23		カナウジュ	88	2346	
	24		マインプリ	103	2449	
	25		フィロザバード	77	2526	
	26		アーグラー	50	2576	
	27					
	28		マツラ	68	2644	
	29		ホダル	63	2707	
	30		デリー	103	2810	
	31					
6月	1					
	2					
	3					
	4					
	5					福永入院
	6					サンジーバン・メディカル・ホスピタル
	7					
	8	パキスタン	寝台列車	25	2835	駅までの走行など
	9		ラホール			
	10					
	11					
	12		ラワールピンディー			
	13					
	14					福永入院

	15					ラワールピンディー・ゼネラル・ホスピタル
	16					退院。フラッシュマンズ・ホテルに移動
	17					
	18					
	19					肝炎の診断。プライベート・ドクター
	20					
	21					帰国
1993年						
2月	22	パキスタン	パキスタン航空機でラワールピンディー			
	23		ラワールピンディー滞在			
	24					ラマダン入り
	25					
	26		タキシラ	59	2894	
	27		ラワールピンディー	58	2952	
	28		夜行列車にてクエッタへ			
3月	1		クエッタ			
	2					
	3					
	4		シャキワシリ	62	3014	
	5		ヌシュキ。途中からトラック	57	3071	
	6					
	7					
	8					
	9					
	10					

月	日	国名	都市・町	キロ数	累計キロ数	備考
3月	11					
	12		ダルバンディン	109	3290	
	13		ヤクマッチ	62	3353	
	14		ノークンディ	122	3475	
	15		途中の検問所に泊まる	74	3550	
	16		クイタフタン	66	3615	国境
	17	イラン	ザーヘダン	103	3718	
	18					拉致事件
	19					
	20					
	21		ノストラアボット	117	3835	
	22		バム	13	3848	
	23		廃墟(ネービッド)	89	3937	
	24		ケルマーン			距離メーター故障
	25					
	26		ラフサンジャン	129	4066	
	27		アナール	104	4171	
	28		国道沿いのドライブイン泊	88	4259	
	29		ヤズド	81	4340	
	30					
	31		アクダ	119	4459	
4月	1		ナーイン	83	4541	
	2		モシュケナン	59	4601	
	3		イスファハン	103	4704	

4			19		町中走行
5					
6		メイメ	111	4834	
7		ネイザル	135	4969	
8		コム	57	5026	
9		ハッサンアバード	107	5132	
10		テヘラン	59	5192	
11					
12		バスでタブリーズへ			
13		マランド	75	5285	
14		ガラズヤディン	114	5400	
15		マクー	91	5490	
16	トルコ	イラン出国。ドゥバヤジット着	63	5553	
17		ドゥバヤジット			
18					
19					
20		D100号線沿い。雨	44	5597	
21		タシュルチャイ	42	5639	午後から雪のため途中泊
22		アーリ			雪のためトラックに乗る
23		ホラソン	110	5749	
24		エルズルム	96	5845	
25					
26					
27		アシュカレ	59	5904	
28		テルジャン	42	5946	

月	日	国名	都市・町	キロ数	累計キロ数	備考
4月	29		エルジンジャン	111	6056	
	30		リファイエ	75	6132	
5月	1		イムランレ	80	6212	
	2		シバース	117	6328	
	3					
	4		シャルキシュラ	92	6421	
	5		カイセリ	127	6548	福永不調のため滞在
	6					
	7					
	8					
	9					
	10		ユルギュップ	75	6623	カッパドキア奇岩地方
	11		ギョレメ	21	6645	
	12					
	13		ネブシェヒール	53	6694	カッパドキア地下都市見学
	14					
	15		アクサライ	79	6776	
	16		トゥズ湖沿いのロカンタ伯	106	6882	
	17		ギョルバシ	119	7001	
	18		アンカラ	31	7032	
	19					
	20		キジルチャハム	89	7121	
	21		ゲレデ	76	7198	
	22		ドゥズチェ	110	7306	福永不調のため滞在

	23		イズミット	120	7423	栗田単独走行
	24		栗田イスタンブール着	106	7533	
	25		福永イスタンブール着			
	26					
	27					
	28		フェリー泊	3	7536	
	29		イズミール	5	7541	
	30					
	31		セルチュク	81	7622	
6月	1		クシャダシ	26	7746	福永と別れる
	2		福永はサモス島へ			クシャダシのホテルにパスポートを置き忘れる
	3		ミラス	106	7859	
	4		ビッテズ	60	7919	海の家で過ごす
	5					
	6					

本書で紹介できなかった写真や二人のその後の歩みはブログをご覧いただければ幸いです。

■栗田和博ブログ
「車輪の下心
1992-1993」

■福永龍司ブログ
「FUKUNAGA
RYUJI 自転車
旅行の日記」

プロフィール

粟田 和博（あわた　かずひろ）

1962年5月、岐阜県多治見市生まれ、静岡市在住。多治見北高～横浜国立大学。(株)西武百貨店、広告業を経て、社会保険労務士・行政書士事務所WADACHIを開業、運送業に特化した労務管理、価格交渉などのサービスを提供している。

福永 龍司（ふくなが　りゅうじ）

1963年4月、埼玉県浦和市生まれ、さいたま市在住。浦和市立高～日本大学文理学部地理学科。(株)読売旅行、(株)山と渓谷社を経て、(株)セイワ代表取締役。2024年3月、肺がんが見つかり闘病中であるが、相変わらずスキー、サーフィン、テニスに興じる自称「ハッピー教」教祖である。

あるかだし
インド～トルコ自転車《じてんしゃ》旅行《りょこう》の記憶《きおく》

2024年12月25日　初版第一刷発行

編著　粟田 和博
写真　福永 龍司
発行人　坂本圭一朗
発行所　リーブル出版
〒780-8040
高知市神田2126-1
TEL088-837-1250
装幀　島村 学
印刷所　株式会社リーブル

ISBN 978-4-86338-428-6